国家社会科学基金重大招标项目成果

《扩大内需的财税政策研究》系列著作

高培勇 主编

扩大内需的
财税政策研究

理论辨析与政策实践

范建鏋　　王伟同　　付敏杰　著

中国社会科学出版社

图书在版编目（CIP）数据

扩大内需的财税政策研究：理论辨析与政策实践/范建鏋，王伟同，付敏杰著 . —北京：中国社会科学出版社，2017.10
ISBN 978 - 7 - 5203 - 1382 - 7

Ⅰ.①扩…　Ⅱ.①范…②王…③付…　Ⅲ.①扩大内需—财政政策—研究—中国②扩大内需—税收政策—研究—中国　Ⅳ.①F812.0

中国版本图书馆 CIP 数据核字（2017）第 269561 号

出 版 人	赵剑英	
责任编辑	田　文	
特约编辑	张　红　金　泓	
责任校对	张爱华	
责任印制	王　超	

出　　版	中国社会科学出版社	
社　　址	北京鼓楼西大街甲 158 号	
邮　　编	100720	
网　　址	http://www.csspw.cn	
发 行 部	010 - 84083685	
门 市 部	010 - 84029450	
经　　销	新华书店及其他书店	

印　　刷	北京君升印刷有限公司
装　　订	廊坊市广阳区广增装订厂
版　　次	2017 年 10 月第 1 版
印　　次	2017 年 10 月第 1 次印刷

开　　本	710×1000　1/16
印　　张	13
插　　页	2
字　　数	220 千字
定　　价	56.00 元

总　序

一

这套系列著作——《扩大内需的财税政策研究》,是我主持完成的
2009 年度国家社会科学基金重大招标项目的研究成果。从申报立项到
按期结项,再到研究成果正式出版,持续了五年有余的时间。

这是有一些特殊的缘由和考虑的。

二

扩大内需的财税政策,显然是一个有关宏观经济政策的命题。这一命
题的提出、招标以及研究过程是与国内外宏观经济环境的变化联系在一
起的。

项目的提出和招标,正值中国进入反国际金融危机的"肉搏"阶
段。面对当时被称为百年不遇、前所未有的危机,在全力保增长的旗帜
下,中国政府不仅启用了有史以来最大规模的经济刺激措施,而且把积极
财政政策作用"主攻手"推到了宏观调控的最前沿。作为积极财政政策
作用的对象,尽管传统上的"三驾马车"——消费、投资和出口——一
个都不能少,无一例外地都被归入了扩张系列,但是,相对于外部需求
动荡不定、难以掌控,内部需求则握在自己手中、容易掌控,从立足于
自身的立场出发,扩大内需理所当然地成为财政扩张的主要着力点。我
们拟定的项目研究计划,也理所当然地植根于反危机的积极财政政策
操作。

在项目依计划进行的两年多时间里,中国始终处于危机与反危机的
"僵持"状态。虽然经济逐步呈现出一些回升向好的势头,但基础不

牢，仍然处于国际金融危机之中的总体态势并未改变，反危机的压力并未减轻。在实践层面，积极财政政策格局一直持续的背景下，我们的研究当然不会脱离扩张性的财政操作轨道。围绕扩大内需的一系列理论和实践论证，也始终聚焦反危机的需要，贯穿了"扩内需—保增长"这一基本财政政策的思想线索。故而，当2012年课题结项时间到来之时，我们按计划递交的一系列研究报告，不可避免地统统打上了一层反危机的烙印。

然而，2012年恰是中国经济由高速增长步入中高速增长的转折点。随着中国经济减速趋势逐步形成，一系列以往几乎从未遇见过的新现象、新问题引起了我们的关注。

比如，以往应对经济危机的思维犹如治疗感冒发烧。不论症状有多严重，也不论用药剂量有多大，根据经济周期性波动的理论，作为一种周期性发作的病症，危机在持续一段时间后，经济总会回到原有的正常轨道。但是，这一轮危机却与以往的表现大不相同。不仅持续时间远超以往，而且，即便一直在操用"逆周期调节"的治疗方案，经济也始终未能回到以往轨道。这提醒我们，短期的周期性因素可能不是左右经济形势变化的唯一原因，除此之外，长期的结构性因素也在发挥作用。

又如，既然经济减速不仅是周期性波动的影响所致，而且包括长期的结构性因素的作用，围绕扩大内需的理论和实践论证，当然不能局限于反危机的财税政策思维，甚至不能主要基于反危机的财税政策思维。既然经济的运行已经彰显出大不同于以往的形态，围绕扩大内需的财税政策设计，当然要跳出短期的"逆周期调节"思维，而着眼于短期和长期操作相结合，总量和结构问题相兼容，急性病和慢性病一并治。

再如，逆周期调节所涉及的操作，大多属于政策范畴。针对结构问题的操作，则不仅涉及政策设计，还涉及制度安排，甚至更多的是制度安排。因而，在经济形势发生重大变化的条件下，扩大内需必须立足于财税政策调整和财税制度变革两个层面的联动。

认识到中国经济发展进入了新阶段，战略机遇期的内涵已发生深刻变化，我们决定，虽然课题要按期结项，但围绕它的研究不能也不应止步于此，而须持续下去——根据变化了的形势向纵深迈进。待研究成果相对成熟时，再交付出版。

三

绝非巧合，就在我们作出延迟成果出版时间决定之后的这一段时间里，面对中国经济日益呈现出的深刻而复杂的转折性变化，从学术界到决策层，都在进行深入而系统的思考。尤为重要的是，以习近平同志为总书记的党中央在深化对经济发展规律认识的基础上，逐步形成了一系列有关经济工作的新理念、新思想、新战略。

于 2012 年 12 月 15 日至 16 日召开的中央经济工作会议，在全面评估国内外经济社会形势的基础上，不仅第一次摒弃了以往对于经济增长速度"快"的追求——不再使用如"持续快速协调健康""平稳较快""又快又好"或"又好又快"的表述，将经济工作的目标定位于"实现经济健康持续增长和社会和谐稳定"，把领导经济工作的立足点聚焦提高发展质量和效益、加快形成新的经济发展方式。而且，从加强和改善宏观调控出发，第一次改变了以往作为反经济周期工具的宏观经济政策布局——不再局限于相对单一的熨平经济周期作用，将"逆周期调节"和"推动结构调整"这一双重任务同时赋予了宏观经济政策，让宏观经济政策兼具逆周期调节和推动结构调整两个方面的功能。与此同时，进一步明确了经济持续健康发展须建立在扩大内需的基础上：要牢牢把握扩大内需这一战略基点，培育一批拉动力强的消费增长点，增强消费对经济增长的基础作用，发挥好投资对经济增长的关键作用。要增加并引导好民间投资，同时在打基础、利长远、惠民生，又不会造成重复建设的基础设施领域加大公共投资力度。

2013 年 11 月，中共十八届三中全会召开。在全会通过的《中共中央关于全面深化改革若干重大问题的决定》中，根据我国发展进入新阶段、改革进入攻坚期和深水区的深刻论断，作出了全面深化改革的系统部署。以此为契机，将改革引入宏观经济政策视野。在"健全宏观调控体系"的标题之下明确指出了宏观调控的主要任务：保持经济总量平衡，促进重大经济结构调整和生产力布局优化，减缓经济周期波动影响，防范区域性、系统性风险，稳定市场预期，实现经济持续健康发展。

紧跟着，于同年 12 月 10 日至 13 日召开的中央经济工作会议，将

"稳中求进"与"改革创新"结合起来，强调在坚持稳中求进工作总基调的同时，把改革创新贯穿于经济社会发展各个领域各个环节，以改革促发展、促转方式调结构、促民生改善。用改革的精神、思路、办法来改善宏观调控，寓改革于调控之中。以此为基础，提出了全面认识持续健康发展和生产总值增长关系的全新命题：不能把发展简单化为增加生产总值，要抓住机遇保持国内生产总值合理增长、推进经济结构调整，努力实现经济发展质量和效益得到提高又不会带来后遗症的速度。要冷静扎实办好自己的事，大力推进改革创新，把发展的强大动力和内需的巨大潜力释放出来。

一年之后，在 2014 年 12 月 9 日至 11 日举行的中央经济工作会议上，关于"我国进入发展新阶段、改革进入攻坚期和深水区"的论断被进一步高度概括为"经济发展新常态"。并且，围绕经济发展新常态，分别从消费需求、投资需求、出口和国际收支、生产能力和产业组织、生产要素相对优势、市场竞争特点、资源环境约束、经济风险积累和化解、资源配置模式和宏观调控方式九个方面，全面分析了中国经济发展所发生的趋势性变化。由此得出的结论是：我国经济正在向形态更高级、分工更复杂、结构更合理的阶段演化，正从高速增长转向中高速增长，经济发展方式正从规模速度型粗放增长转向质量效率型集约增长，经济结构正从增量扩能为主转向调整存量、做优增量并存的深度调整，经济发展动力正从传统增长点转向新的增长点。认识新常态，适应新常态，引领新常态，是当前和今后一个时期我国经济发展的大逻辑。

又是一年之后，2015 年 10 月 26 日至 29 日，中共十八届五中全会审议通过了《中共中央关于制定国民经济和社会发展第十三个五年规划的建议》。在深刻认识经济发展新常态以及由此形成的一系列治国理政新理念新思想新战略的基础上，勾画了中国未来五年以及更长一个时期的发展蓝图：鉴于国际金融危机破坏了世界经济增长动力，新的自主增长动力没有形成，世界经济增长对我国经济增长的带动力减弱，我们必须更多依靠内生动力实现发展。鉴于全球需求增长和贸易增长乏力，保护主义抬头，市场成为最稀缺的资源，我们必须更多依靠扩大内需带动经济增长。鉴于世界新一轮科技革命和产业变革蓄势待发，发达国家推进高起点"再工业化"，发展中国家加速工业化，我国要素成本快速提高，我们必须加快从要素驱动转向创新驱动。在这一进程中，要牢固树立创新、协调、绿色、开放、共享的发展理念。并且，要以提高发展质量和效益为中心，加快形成引领经济发展新常态的体制机制和发展方式，保持战略定力，坚持稳中求进，统筹推进经济建设、政治建设、文化建设、社会建设、生态文明建设和党的建设，确保如期全面建成小康社会。

四

从第一次将经济工作的目标定位于"实现经济健康持续增长和社会和谐稳定"，到提出全面认识持续健康发展和生产总值增长关系的全新命题；从第一次赋予宏观经济政策"逆周期调节和推动结构调整"的双重功能，到确立创新、协调、绿色、开放、共享以及以提高发展质量和效益为中心等一系列发展理念；从我国发展进入新阶段、改革进入攻坚期和深水区的深刻论断作出全面深化改革系统部署到将其进一步高度概括为"经济发展新常态"，到全面分析中国经济发展所发生的趋势性变化；从认识新常态、适应新常态、引领新常态，到加快形成引领经济发展新常态的体制机制和发展方式；从明确经济持续健康发展须建立在扩大内需的基础上，到勾画中国未来五年以及更长一个时期的发展蓝图，可以十分清晰地看到，今天的我们，已经身处一个与以往大不相同的环境之中。或者说，今天的我们，已经站在一个与以往大不相同的新的历史起点之上。

既然环境变了，起点变了，围绕扩大内需的财税政策的研究，自然也要立足于新的发展环境和新的发展阶段，根据全新的发展理念、发展思想和发展战略来加以深化。当前，尤为重要的是，将扩大内需的财税政策作为一项重要的支撑力量与如期全面建成小康社会的奋斗目标相对接，融入"四个全面"战略布局和"五位一体"总体布局，全面推动经济社会持续健康发展。

第一，经济保持中高速增长，确保2020年实现国内生产总值和城乡居民人均收入比2010年翻一番的目标，是确定不移、非完成不可的任务。扩大内需的财税政策，应当也必须放在这个大前提之下加以研究和谋划。面对全球经济贸易增长持续乏力、国内经济下行压力日趋严峻的形势，至少在未来的五年时间里，扩大内需事实上已进入"被倒逼"

状态：为了确保实现"两个翻番"的目标，必须坚守经济年均增长6.5%以上的底线。为了坚守这一底线，就必须释放出足够的内需，保持足够的内需规模。这意味着，锁定以足够的内需支撑经济中高速增长这一目标，财税政策不仅要继续保持扩张状态，而且要持续加力增效。

第二，注意到我国经济转向中高速增长系周期性和结构性因素交互作用的结果，再注意到依赖于反周期的扩张政策来刺激需求、拉动增长的效应已经趋于减弱。在如此条件下，扩大内需的政策操作，应当且必须将需求管理与供给侧的结构性调整结合起来一并展开。在适度扩大内需的同时，着力于提高供给体系质量和效率，增强经济持续增长动力，推动我国社会生产力水平实现整体跃升。这意味着，与以往有所不同，旨在扩大内需的财税政策固然位于需求一侧，但其视野所及，却不能也不宜局限于需求。由需求延伸至供给，在需求和供给两条线上同时发力，在稳增长和调结构之间保持平衡，将成为与经济发展新常态相适应的扩大内需的财税政策的常态。

第三，在经济发展新常态的背景下，逆周期的扩张性操作也好，推动结构性调整也罢，绝不限于政策安排层面，除此之外，还须依赖制度变革。事实上，在潜在增长率大致既定的条件下实现经济中高速增长，必须靠潜在增长率加改革红利，两者缺一不可。因而，改革红利的释放是一个可以依赖的更为重要的力量。改革红利有的立竿见影，有的要假以时日才见成果。只要实质性地推进相关领域改革，在6.2%的潜在增长率基础上，增加不小于0.3个百分点的改革红利，便可以达到经济中高速增长的要求。这意味着，与以往有所不同，旨在扩大内需的财税政策固然位于政策层面，但其实质内容，却不能也不宜局限于政策。由政策设计延伸至制度变革，在针对内需实施财政扩张的同时，与全面深化改革相对接，在经济、政治、文化、社会、生态文明建设等诸多领域改革的联动中，创新扩大内需的财税政策运行新体制、新机制，应当也必须成为"十三五"时期的一个重要的工作着力点。

第四，鉴于我们是在新的历史起点上，基于经济发展进入新常态的判断展开一系列政策操作，全面而适时地调整以往习以为常的理念、思维和做法，将扩大内需的财税政策建立在贯彻并体现新一届中央领导集体有关经济工作的新理念、新思想和新战略基础上，非常重要。比如，让市场在资源配置中发挥决定性作用，凡是市场和企业能决定的，都要交给市场；要主动做好政府该做的事，要有所为有所不为；我们要的是有质量、有效益、可持续的发展，要的是以比较充分就业和提高劳动生产率、投资回报率、资源配置效率为支撑的发展；保持一定经济增速，主要是为了保就业；宏观经济政策要保持定力，向社会释放推进经济结构调整的坚定信号；只要经济运行处于合理区间，宏观经济政策就保持基本稳定；要避免强刺激政策给经济发展带来的副作用，如此等等。这意味着，与以往有所不同，扩大内需的财税政策应当也必须立足于中国经济正在向形态更高级、功能更齐全、作用更完整、结构更合理的阶段演化的现实背景，有关扩大内需的财税政策必须与经济发展新常态相契合。以此为契机，全面构建扩大内需的财税政策新格局。

第五，随着形势的变化、对于形势判断的变化以及治国理政思路的变化，我国宏观调控的格局也在发生变化。不仅宏观经济政策功能定位同时指向发挥逆周期调节和推动结构调整两个方面的作用，而且宏观经济政策的目标选择也同时指向稳增长、保就业、防风险、调结构、稳物价、惠民生、促改革等多重目标。这意味着，我们不得不将有限的宏观调控资源同时配置于双重作用和多重目标，从而难免使以往的"歼灭战"演化为"阵地战"。这也意味着，我们可以依托的宏观调控空间变窄，从而难免使宏观调控的操作目标或着力点频繁调整。所以，与以往有所不同，扩大内需的财税政策必须在兼容双重作用、兼顾多重宏观经济政策目标的前提下加以实施和推进。无论是发挥消费对经济增长的基础作用，还是发挥投资对经济增长的关键作用，都要置身于这样一个复杂多变的大棋局。在彼此协调、相互交融的过程中捕捉扩大内需的契机，探寻扩大内需的方法，构建扩大内需的机制。

讲到这里，可以揭示的一个基本事实是：我们必须走出一条与以往大不相同的扩大内需的财税政策新路子。

五

基于上述的认识和判断，我们对初步完成于三年之前的研究成果作了全面的修正。修正之后的研究成果，构成了读者面前的这套系列著作：

《扩大内需的财税政策研究：理论辨析与政策实践》

《中国的国民收入分配与扩大内需：基于财税政策视角的探究》

《扩大内需的政府收入政策研究》

《扩大内需的财政支出政策研究》

《扩大内需的财政政策的国际经验：比较与借鉴》

《扩大内需的财税作用机制研究：如何实现供给与需求两端发力》

可以看出，在"扩大内需的财税政策研究"这一总题目下分别写就的六本著作，显然不是面面俱到的，而是选择性地围绕若干重点展开的研究。这样做，一方面是研究力量所限，我们不可能也未试图对本项目涉及的所有问题展开全面分析。另一方面也是出于重点突破的考虑——组织有限的人力，在有关本项目的关键环节和重点地带实施攻关，以期形成具有基础性和支撑性作用的成果。

虽经几番修订、数易其稿，又跨越几年的时间，但限于水平，这套系列著作尚未完全达到令人满意的程度。不少内容有待进一步细化，一些方面还需进一步深化。也可以说，在这个时候，这套系列著作的出版更多是抛砖引玉之举。

我们静候来自各方面读者朋友的批评和指正。

高培勇

2015 年 11 月 15 日于北京

目　　录

导　　论

第一节　问题的提出

2007 年 4 月初，美国次贷风险开始显现。新世纪金融公司——美国第二大次级抵押贷款公司（New Century Financial Corp）在当年 4 月份宣布申请破产保护，并裁员 54%。随后，美国、欧洲等地一系列金融机构因卷入美国次贷问题，或是遭受重大损失，或是宣布申请破产保护。到 2007 年 8 月，次贷风险终于演变成次贷危机，并逐渐向全球蔓延，各国经济都不同程度地受到沉重打击，成为对世界经济产生深刻影响的一场全球性金融危机。当前，这场危机的影响依然存在，欧洲一些国家，特别是以希腊等国为代表的"欧洲猪国"①，因次贷危机的影响而面临严重的政府债务危机，至今仍然在为走出危机的泥潭而苦苦挣扎。

我国作为世界重要的经济体与重要的出口大国，自然也受到了美国次贷危机的影响。由于我国经济与全球经济，尤其是美国经济之间的联系十分密切，因此从 2008 年开始，我国经济受到次贷危机影响的范围越来越广、程度也越来越深。尽管由于我国实行一定程度的资本管制，次贷危机通过金融渠道对我国经济的直接影响有限，但是次贷危机的影响却通过外需渠道这个途径传递进我国，进而影响到我国经济的稳定健康运行。

在我国经济受到的影响当中，首当其冲的是对外贸易。据统计，2009 年我国对外贸易出现了负增长，当年货物进出口总额为 150648.1 亿元人民币，比 2008 年的 179921.5 亿元人民币下降了 16.3%。其中，2009 年出口总

---

① 指南欧的葡萄牙（Portugal）、意大利（Italy）、希腊（Greece）和西班牙（Spain）以及爱尔兰（Ireland），这五个国家在欧盟中欠债率与财政赤字率偏高，因此依照各国首字母组合，被称为 PIIGS 即欧猪五国；葡萄牙、意大利、希腊、西班牙又被称作四小猪、小猪四国、欧猪四国。

额（82029.7 亿元人民币）比 2008 年（100394.9 亿元人民币）下降了
18.3%，2009 年进口总额（68618.4 亿元人民币）比 2008 年（79526.5
亿元人民币）下降了 13.7%，2009 年对外贸易顺差（13411.3 亿元人民
币）比 2008 年（20868.4 亿元人民币）下降了 35.7%。2009 年上述四项
指标比 2008 年都出现不同程度的下滑，而对外贸易顺差的下滑最大，标
示着我国外需市场因欧美国家次贷危机的影响而出现较大的萎缩，这直接
影响到我国的经济增长。

　　从宏观经济总需求构成看，促进我国经济增长的"三大需求"是消
费、投资和净出口。当以对外贸易顺差为代表的净出口出现较大下降时，
自然，拉动经济增长的重担就落在了以消费与投资为代表的内需上。

　　于是，根据经济形势的变化，中央对财政和货币政策进行重大调整，
由稳健的财政政策和从紧的货币政策转为积极的财政政策和适度宽松的货
币政策。在 2008 年 11 月召开的国务院常务会议上，部署了进一步扩大内
需，促进经济平稳较快增长的十项措施，包括加快建设保障性安居工程、
加快农村基础设施建设、加快铁路、公路和机场等重大基础设施建设等。
落实这些措施的投资额到 2010 年底约需 4 万亿元人民币。

　　针对长期以来我国经济增长过于依赖外需这种情况，在 2009 年 12 月
的中央经济工作会议上，确定继续实施积极的财政政策和适度宽松的货币
政策的同时，提出加快转变经济发展方式，进一步扩大居民消费需求，增
强消费对经济增长的拉动作用，把稳步推进城镇化作为扩大国内需求和调
整经济结构的重要抓手等等。这表明，扩大内需成为转变经济发展方式、
促进经济持续发展的重要推动力。

　　在 2010 年 12 月召开的中央经济工作会议上，继续强调加快转变经济
发展方式的重要性，坚持把经济结构战略性调整作为加快转变经济发展方
式的主攻方向，提出"调整优化需求结构，增强消费拉动力，重点提升居
民消费能力、改善居民消费条件、培育新的消费热点"等等。

　　2011 年 3 月，十一届全国人大第四次会议通过《国民经济和社会发展
第十二个五年规划纲要》（以下简称"十二五规划"）提出了"构建扩大
内需长效机制，促进经济增长向依靠消费、投资、出口协调拉动转变"的
指导思想，确定了"建立扩大消费需求的长效机制，把扩大消费需求作为
扩大内需的战略重点"与"调整优化投资结构，发挥投资对扩大内需的重
要作用"的政策导向。根据这一指导思想与政策导向，十二五规划的具体

内容中，诸如"转型升级，提高产业核心竞争力"、"促进区域协调发展和城镇化健康发展"、"改善民生，建立健全基本公共服务体系"等有关表述，都可以认为是与扩大内需有着这样或那样的联系的。

可见，当前及今后相当长的一段时期，扩大内需加快经济发展方式转变，是我国宏观经济调控的主旋律，是一项战略任务。在市场经济条件下，市场对资源配置起基础性的作用，在这一前提下，有意识地通过宏观经济调控，弥补市场失灵的缺陷，将对我国未来经济稳定健康发展发挥重要推手的作用。财政政策作为政府进行宏观经济调控的主要工具，在其中的重要作用不言而喻。概括来说，财政政策工具包括收入政策与支出政策两大类，两者的组合运用，将是扩大内需的必然内容。本书立足于加快转变经济发展方式，以财政政策理论为依据，重点探讨如何利用财政收入与支出政策来实现扩大内需的战略任务。

第二节　文献综述

扩大内需，尽管有时也指东亚或亚洲地区的一种经济现象，但它更多的是中国语境下的一个专门用语。内需，即内部需求，包括了消费需求与投资需求两个方面。国内外文献分别从不同角度对内需以及财政政策在内需中的作用进行了多层次的深入研究，研究成果很多，许多具有政策实践意义。

总体来看，国内外文献当中，国外文献对扩大内需以及财政政策在扩大内需中的作用的研究较为零散，很多并不是将内需作为一个整体来研究的，而是分别从消费、投资等具体方面展开，而且较多研究的落脚点是放在如何通过消费或投资的传导来实现经济增长。这些研究成果，特别是其理论意义，应该说对国内这方面的研究起了很大的指导作用。

国内关于扩大内需以及财政政策在扩大内需中的作用的研究，多是在借鉴国外相关理论的基础上，结合国内实际情况，进行有针对性的研究。国内的研究主要以对策性研究为主，涌现出大量的研究成果，其中不少成果为实务部门所采纳并形成政府的宏观政策，进而付诸实施。不过，与国外同类研究相比，国内的研究在理论创新方面显得相对不足，对策性研究的理论支撑以及研究方法、工具方面，或多或少都能看到国外相关研究成果的影子。

一　国外研究综述

国外学者对内需问题做了大量的研究，而这些研究，基本上是分别从消费、投资或者消费与投资的关系这些角度开展的，其中不少研究的归宿是探讨经济增长是如何实现的。

1. 关于消费的研究

对于政府支出或财政支出与居民消费之间的关系，从理论上分析，当社会资源出现闲置的时候，政府扩大财政支出，有利于提高国民收入，从而刺激居民消费水平的提高；当经济达到潜在国民收入水平时，增加财政支出，却只会起到提高物价水平的作用，反而可能会降低居民的消费水平。国外学者从不同假设出发，采用不同的方法，对财政支出与居民消费之间的关系进行了许多实证研究。

Fatás 和 Mihov（2001）实证分析了财政支出的宏观经济影响，他们的研究发现，增加财政支出会导致私人消费增加。Mountford 和 Harald Uhlig（2002）运用向量自回归对美国数据进行研究，指出政府支出冲击对住宅与非住宅投资都有挤出效应，但却对消费有促进作用，并未减少消费。Schclarek（2004）利用 38 个国家（其中发达国家与发展中国家各占半数）1970—2000 年的数据，实证分析了财政政策对私人消费的影响，他的研究表明，政府消费冲击对发达国家与发展中国家都具有凯恩斯主义效应。Tagkalakis（2005）利用 19 个 OECD 成员国 1970—2001 年的年度面板数据以及 1970—2002 年的同类数据（2008）分析了经济衰退时期和经济扩张时期财政政策对私人消费的影响，发现经济衰退时期财政政策对私人消费的刺激作用要大于经济扩张时期，这种作用在那些消费信贷市场欠发达的国家表现得尤其明显。

除了认为财政支出对居民消费有刺激作用外，也有一些研究者认为财政支出对居民消费具有挤出效应。Amano 和 Wirjanto（1997）利用相对价格方法估计了美国政府支出与居民消费的跨期替代弹性，研究发现美国 1 单位的政府支出增加将会减少 0.9 单位的居民消费。Tsung - wu Ho（2001）利用面板数据对 24 个 OECD 成员国政府支出与居民消费之间的关系进行了实证分析，研究发现尽管一国的政府支出与居民消费之间不存在规律性的结果，但对多国的数据分析却发现，政府支出与居民消费之间存在明显的替代关系。Jönsson（2004）利用 19 个 OECD 成员国 1960—2000

年的非平衡面板数据所进行的实证研究发现，政府转移支付大幅度减少时，则会对私人消费产生扩张效应。

2. 关于投资的研究

国内投资作为内需的一个重要构成，对经济增长有着直接促进作用，如吉利斯等（1998）就指出，"在任何情况下，尽管资本积累不再被视为贫困国家摆脱困境的灵丹妙药，然而非常清楚的是，只有社会能够在国民生产总值中保持一个相当规模的投资比例时，才能在长时期内维持适当却是强劲的收入增长率。"

经济增长，普遍性的认识是可以分为粗放型经济增长与集约型经济增长。随着粗放型经济增长带来越来越多的负面效应，如资源的大量投入与不加节制的消耗，国外学者对集约型经济增长进行了深入研究，这也为如何调整投资需求结构提供了理论说明。在斯蒂格里茨（1997）看来，资本品积累的增加、劳动力质量提高、资源配置效率的改善和技术变革这四项因素是提高生产率的主要诱因，因此，加大对这四项因素的投入，就会导致较高的资本率，从而使经济增长的路径走向以提高生产率为主的集约型增长模式。可见，以投资刺激经济增长也是可取的，只不过这种投资讲究投资结构与投资方向。这与罗默等（1998）所强调的"资本使用的效率比提高投资量对国内生产总值的增长重要得多"有异曲同工之处，也与20世纪80年代以 P. M. 罗默和 R. E. 卢卡斯为代表的新增长理论有不少共同点。这种新增长理论（亦称内生增长理论）认为，经济增长是经济系统内生因素作用的结果，内生的技术进步是推动经济增长的决定因素（吴易风、朱勇，1998）。发展经济学与新增长理论带来的政策启示，为通过财政支出政策来改善投资结构、调整投资方向提供了理论支撑。

3. 关于消费与投资关系的研究

消费与投资同为内需的组成部分，在扩大内需中，消费需求与投资需求的关系如何变化，国外学者也做了相应的研究，这种研究，以钱纳里的消费率与投资率的变动趋势理论最有代表性。

钱纳里等（1995）深入分析了39个国家工业化进程中内需结构的演变趋势，从而总结归纳出工业化进程中消费率与投资率的演变规律，即在工业化初期，投资率不断提高、消费率相对下降，但在工业化进程结束后，投资率与消费率将趋于稳定。工业化进程中消费结构与产业结构的升级，导致了内需结构的变化。在工业化进程中，随着收入水平的提高，消费结构不断提升，维持生存所必需的食品消费比重逐步下降，工业制成品和服务类消费比重逐步上升，由此引致第二产业增加值在 GDP 中所占比重不断提升，投资率不断上升、消费率不断下降。在工业化末期，居民消费结构由工业消费品为主转变为以第三产业提供的住房、教育、旅游等服务类产品为主，第三产业的发展相对较快，而第三产业的生产过程相对简单，短期内投资率可能因此而出现下降，相应地导致消费率上升；但第三产业的发展是以第二产业为依托的，为满足消费结构进一步提升的消费需求，需要第二产业与第三产业同步发展，因此，在发达阶段投资率和消费率将维持在相对稳定的状态。中低收入国家以及高收入国家内需结构的实际演变趋势，明显符合上述理论归纳与判断。

除此之外，由于中国经济在世界经济中的地位越来越重要，这也引起了国际组织及有关学者对中国经济的观察与分析。如 OECD（2010）的一份研究报告指出，通过改革养老金制度，加大公共支出对社会安全网建设的支持力度，将有助于扩大内需，从而实现国内经济与世界经济的和谐增长。Wong Hock Tsen（2010）利用 1978—2002 年的时间序列数据，对中国的出口、内需（以居民消费、政府消费与投资来表示）与经济增长进行了格兰杰因果检验，研究发现出口与内需对经济增长具有重要意义，持续的经济增长需要出口与内需的持续增长，等等。

二 国内研究综述

自 1997 年亚洲金融危机爆发后，我国提出了扩大内需的战略方针，有效地拉动了经济增长。2008 年美国次贷危机掀起了全球金融风暴，国外市场需求大幅萎缩，我国重新将扩大内需战略推上反危机的舞台，并对其在中国经济中长期发展中的作用进行了清晰定位：把扩大内需作为促进经济增长的长期战略方针和根本着力点。自此，中国学者开始大范围、多角度地研究扩大内需的相关问题，其中，在扩大内需的财政收入与支出政策方面也形成了诸多有益的观点，我们在对这一问题进行系统研究之前，先对已有观点进行梳理、总结和借鉴。

1. 学界对扩大内需政策的看法

（1）关于扩大内需政策的作用和意义。大多数学者认为，扩大内需的战略意义深远，并从不同角度进行阐释。高培勇（2009）认为，在全球经济放缓、外需减弱的情况下，扩大内需应当成为"保增长"的一项重要任务，我国采取的积极财政政策和宽松的货币政策即是以扩大内需刺激经济。

贾康（2010）认为，不论经济周期阶段怎么转换，扩大内需是我国的一个长期方针，并且在不同阶段应适当调整力度，这样我国更可以在发展过程中促进发展方式转变，减少对外的依赖性，适当降低外贸依存度，更有利地主动地掌握我们自己工业化、现代化的进程。李义平（2009）也认为注重内需在拉动经济发展中的作用应当成为我国经济发展的常态。

也有学者将我国1949年以来的经济建设按发展战略分为四个时期，并将其概括为一个从供给着手的经济社会发展战略阶段，并提出我国经济发展战略必须转变为从需求着手的经济发展战略，认为增加有效供给是新战略的根本任务，扩大有效需求是新战略的主要任务，以需求扩容供给是新战略的显著特点。

周怀峰（2009）从内需和外需对经济的贡献的角度来说明扩大内需的必要性，其研究表明：中国国内贸易对 GDP 的贡献大于国际贸易对 GDP 的贡献。GDP 对国内贸易的弹性大于国际贸易，国内贸易每增长 1% 将推动 GDP 增长 0.4%，而国际贸易每增长 1% 只能推动 GDP 增长 0.29% 左右。在未来中国经济发展过程中，应该采取有效措施扩大国内需求，大力发展国内贸易来促进经济的更快发展。

（2）关于扩大内需的实施方略。纪显举（2003）认为，提高国民信心是扩大内需的关键，而扩大就业和提高居民收入又是提高国民信心的关键。提高国民信心就要提高国民的就业信心、收入信心和消费信心。扩大内需的难点是启动消费需求，为此要大力发展中小企业，推进西部大开发和小城镇建设，促进"三农"问题的解决。

吴泗宗、陈志超（2009）认为，当前的一个重要调整方向是完善价格政策，运用价格杠杆，整顿价格秩序，为扩大内需创造良好的价格环境；控制投资规模，优化投资方向，保持投资消费结构平衡，引导需求增长；发挥财政政策与货币政策的协同效应，多重措施共同作用；满足市场差异化需求，构建良好的消费环境；健全社会保障体系，扩大社会保障体系的覆盖范围；深化投资体制改革，扩大投资范围，把握方向。

杨永忠（2003）认为，我国消费需求不足的关键是农村消费需求不足。目前，占全国人口总数 2/3 的农村居民，只消费了全国 1/3 的商品。提高农民的消费能力，是扩大内需的突破口。提高农民的消费能力，就要适当调整粮食保护价收购范围，完善粮食收购价格政策，根据市场需求和粮食内在品质，进一步拉开粮食品种差价、等级差价、季节差价和地区差价，做到按质论价、优质优价。同时，减少对农民不必要的费用征收，切实提高农民的收入水平，缩小城乡收入差距；要大力加强农村水、电、公路等基础设施建设，在改善民生的同时改善农村的消费环境；要进一步疏通农村商品流通渠道，提高农村市场的商品质量；要加快城镇化进程，现代农业吸纳劳动力是有限的，随着生产力的提高，将有更多的农村人口转移到城镇，将创造出可观的消费需求。

部分学者认为，基本公共服务均等化与扩大内需之间存在着紧密的联系，是扩大内需的有效渠道。迟福林（2008）指出，基本公共服务均等化是扩大内需、保持经济平稳较快增长的重要条件。方栓喜（2009）指出，为持续改善农民生产生活条件、提高扩大内需潜力、促进社会和谐稳定，应当尽快出台城乡基本公共服务均等化的投资计划。杨晓群（2010）在分析我国城乡基本公共服务均等化与内需现状的基础上，讨论了实现城乡基本公共服务均等化与扩大内需的关系，从基本公共服务在提高投资效率、改善消费预期、启动农村市场三个方面有重要作用得出城乡基本公共服务均等化有助于扩大内需的结论，并提出了扩大内需目标下实现城乡基本公共服务均等化的具体对策。

此外，黄国维（2007）认为，差异性有效供给是扩大内需的根本途径。俞肖云等（2009）从收入分配制度改革的角度分析了扩大内需问题。赵振华（2009）提出扩大内需要抓住四个重点。陈德铭等（2008）则提出了扩大内需与稳定外需相结合的观点。李晓西（2009）针对扩大消费需求提出"防止过度解读提高消费率的政策主张"。

（3）关于扩大内需战略的负效应。吴泗宗、陈志超（2009）认为，我国针对国际金融危机推出的扩大内需政策，包括积极的财政政策和适度宽松的货币政策，政策效果虽有显现，但也存在一些问题，最重要的是投资与消费结构失衡，因为目前扩大内需政策的核心是政府在基础设施等方面的直接投资。

2. 对扩大内需财政支出政策的观点梳理

财政政策是通过财政工具作用于扩大社会总需求而产生效果的，在财政政策中，支出政策是扩大内需最直接、最有效的渠道，备受学者关注。

（1）关于扩大内需财政支出政策的积极作用和消极作用。高培勇

（2009）认为，在财政支出方面，为了扩大内需，增加了教育、医疗卫生和基础设施等领域的公共支出，但是增加公共支出的同时仍然存在资金分配不明确、使用不到位的缺陷，同时，增加公共支出存在季节性和规范性管理的限制，具有不可忽略的时滞效应。

韩晓琴（2009）认为，大幅度增加政府支出，这是扩大内需最主动、最直接、最有效的措施，其结构的优化，对于扩大内需、转变经济发展方式、保持国民经济稳定协调增长具有重要意义。

湖北省财政厅调研组（2010）对湖北省扩大内需促进经济增长财政支出政策的落实情况的调研发现，在金融危机背景下，湖北省财政支持经济发展的职能作用得到加强，但也存在着地方政府配套资金的压力和中央代理地方发行债券偿债的压力较大、财政资金引导放大作用不足、财政资金投入方式有待改进、节能减排投入不足、土地整理资金与农业开发资金的整合使用力度不够、财政部门参与政府投资项目管理工作力度不够等问题。

（2）关于扩大消费需求的财政政策。项怀诚（2001）认为，我国财政支出与居民消费总体上是互补关系，扩大政府支出对需求总体具有扩张效应。

李颖、梁军（2009）认为，长期以来，我国财政政策在扩大消费方面始终未能有效发挥作用，今后的财政政策应在拉动内需，特别是扩大消费中有所作为。通过财政收支等手段建立"消费主导型"经济增长模式应是财政政策今后一段时期内的目标。

郭庆旺（2003）利用总量关系从消费的角度检验了李嘉图中性消费思想在中国的适用性，通过对变量间的协整分析得出，政府支出的增加对民间消费有正向的影响。

李永友、丛树海（2006）采用1979年到2003年的数据，对中国居民最优消费决策行为展开经验分析，判断财政政策（主要是支出政策）对于居民消费的有效性。计量结果显示，财政政策的调整不仅没有产生对私人消费的挤出效应，反而促进了私人部门与政府财政调控的互动，相互补充的结果扩大了财政政策稳定经济的能力。

李广众（2005）在消费者最优消费选择以及欧拉方程的基础上，推导出用以分析政府支出与居民消费之间关系的模型。对全国、城镇以及农村样本的估计表明，改革开放以来，政府支出与居民消费之间表现为互补关系，表现为政府支出增加将导致居民消费增加。从而为近年来积极财政政策拉动内需现象提供了解释，并指出其对居民消费的拉动作用主要表现在启动城镇居民的消费。

马拴友（2003）认为财政支出与社会总需求存在正相关关系，实施积极财政政策对促进消费增长有重要作用。

胡书东（2002）为分析积极财政政策对民间消费需求的影响提供了一个具有微观基础的理论框架。理论分析和经验检验的结果表明，实施积极财政政策，扩大财政支出，加快基础设施建设确实有助于刺激民间消费需求。

李树培、白战伟（2009）运用 SVAR 模型对减税和扩大政府支出对经济增长和扩大内需的效率与效力进行比较分析，发现不管是从政策效力上，还是反应效率上，扩大政府支出促进经济增长和居民消费效果都要优于减税。而对于促进企业投资而言，减税策略都优于扩大政府支出。所以，扩大政府支出和减税要双管齐下、两措并举。

谢建国与陈漓高（2002）指出，在短期内我国政府可能通过增加政府支出的方式增加总需求，但在长期均衡时政府支出完全挤占了消费支出。

（3）扩大投资需求的财政政策。陈华、赵俊燕（2009）从资金的角度分析了扩大内需的资金来源和用途，即将来源于政府投资、地方筹资、银行贷款、社会资本以及外资的资金，用于建立社会保障"安全网"、保障性住房建设等民生工程、扩大"三农"工程和基础设施建设、扩大教育投资、产业升级、结构调整，并从投资项目管理的角度提出构建提高资金使用绩效制度的建议。

郭庆旺、赵志耘、何秉才（2003）的实证分析表明，因为在其他条件不变的情况下，民间投资与资本收益率正相关，财政加大生产性支出有助于提高社会资本收益率水平，进而有助于扩大内需。

（4）关于内需结构调整角度的财政支出政策。贾康（2009）认为，扩大内需的财政政策要特别侧重优化结构，大力强化经济社会薄弱环节，增加有效供给，抓住金融危机的政策扩张期，加大力度多办一些过去想小而没有办成的事情，例如新农村建设、大中心城市建设、一系列科技重大专项。但在具体项目上，要特别注意防止一些定位不准、形式主义为主的项目。

罗英（2009）认为，当前我国内需结构已经失衡，表现为"高投资、低消费"。消费需求不足，一方面受消费环境影响，另一方面是居民增收较低、收入差距较大且收入及支出预期不确定。投资需求偏高，一方面受经济发展阶段和粗放型经济增长方式的影响，另一方面是财政体制不完善，地方政府具有强烈的投资内在动力。他提出应通过财政政策优化内需结构，扩大消费需求的同时提高投资效率与效益，促进经济增长方式由粗放型向集约型转变，实现经济社会的可持续发展。具体方向包括：提高农村居民消费能力、扩大就业、支持医疗体制、教育体制改革和转变经济发展方式、完善社会保障体系、促进房地产市场稳定健康发展、抑制地方政府非理性投资、优化消费环境，等等。

（5）关于扩大内需的地方财政支出政策。杨海林（2009）认为，地方财政部门作为财政政策的执行者，在安排财政支出时应注意保障和改善民生、保护环境、提高财政支出管理水平三方面的问题。具体包括：要合理确定地方财政支出的范围，重点投向公共产品领域；要在扩大内需中发挥财政支出的引导作用，充分调动地方企业的参与热情，最大程度地减少挤出效应，促进资源的有效配置和乘数效应的充分发挥；要重点支持改善民生的项目，贴近居民日常消费，真正提高居民的日常消费能力；要正确处理好经济增长、产业升级和节能减排三者的关系，加快推进地方节能减排工作；财政部门应加强对项目的管理，并明确每个项目预算投入的标准，同时，加强事前、事中和事后的评估和监管。

湖北省财政厅调研组（2010）针对扩大内需政策执行的调研内容包括：新增中央扩需资金和地方配套资金的落实情况；国家税收减免政策、地方财政补贴和奖励等财政政策措施的实施情况；支出结构调整优化的情况；创新财政机制的情况；激励性财政资金的使用情况；改善企业发展环境、园区平台建设、中小企业信用担保体系建设、基础设施建设、生态文明建设、新兴产业发展、投融资平台建立的情况；政府投资性支出监管情况，等等。针对其中的问题，提出进一步增强落实中央投资项目地方政府配套资金的主动性、加强政府引导作用、大力扶持产业集群和园区平台建设、支持重点项目建设、完善"两型"社会建设财政支持机制、统筹支持新兴产业发展、加强政府性投资监管等方面的建议。

（6）关于扩大内需的农村财政支出政策。朱建军、常向阳（2010）认为，扩大内需尤其是农村居民消费需求更显重要，但我国农村财政支出还存在着一些问题。为了让财政支出作为扩大内需的重要手段更好地发挥作用，他们分析了农村财政支出扩大内需的作用机理，认为农村财政支出通过发挥增收效应和保障效应，降低交易成本和提供消费条件来促进内需扩大，并提出了四方面的对策建议：一是完善财政管理体制，明确中央和地方政府财政支农的职责；二是加大农业生产性支出力度，巩固和加强农业基础地位；三是加快农村基础设施建设，为居民消费提供硬件支撑；四是加快农村社会事业发展，为居民消费提供软件保障。

唐仕钧（2009）对国际金融危机下扩大内需的财政支农政策进行了分析，得到如下认识：加大农村的基础性财政投入是保障；发展现代农业的高附加值转型是根本出路；稳定农业生产是关键；加强农民的保障与劳动力转移是核心；增强农村金融的服务能力是不可或缺的环节。

刘赛红、温桂荣（2004）分析了农村内需不足的原因：包括财政性支农资金投入不足、基础设施瓶颈制约、农民收入增长缓慢、财政实力薄弱、农村社会保障改革滞后、农村金融体制存在缺陷。因此应该积极利用财政支出政策，一方面通过政府投资的乘数效应直接扩大农村内需，另一方面通过财政支出完善农村市场的软、硬件设施，为扩大农村内需提供一个良好的市场环境。此外，还要支持完善农村的社会保障制度，加强教育，加大直补力度，支持农业生产和粮食储备以及多元化农产品出口，支持加快农村小城镇建设，促进农民转移。

（7）关于扩大内需财政政策的负效应。章晟（2003）认为，一方面政府作为投资主体，以大规模的财政货币资金投资于基础设施，必然排挤经济主体进入部分竞争性的基础建设项目，抑制了投资需求的有效增长；另一方面大规模的信贷资金与财政资金的配套，客观上减少了商业银行对企业（特别是中小企业）信贷资金的供应量。

吴俊培（2004）认为，如果政府的支出是靠税收增加的，那么表明私人部门的投资将会减少；如果政府不靠增加税收来提供，那么意味着政府借款增加，这同样会造成私人部门可借贷资金的减少，从而减少私人部门的投资。因此，政府增加支出会挤出私人部门的投资。同时还分析了挤出效应的大小取决于两个因素：一是取决于私人部门市场失败的情况；二是取决于政府支出资金的来源情况。

李节、张焱秋、李由鑫（2010）对中央"扩大内需"资金的支出情况和中央财政监督及派驻制度现状进行了分析，发现在当前扩大内需资金拨付和中央投资项目实施的过程中，存在着两个方面的问题：一是个别地方推进中央投资项目的责任意识不强，二是盲目申请中央补助资金，地方配套资金跟不上。在扩大内需条件下强化中央财政监督职能方面，财政监督法制建设滞后，以专项检查方式开展的事后监督这一传统监督方式不能适应大规模中央资金，财政监督尚未发挥促进财政科学化精细化管理的作用。

（8）关于扩大内需财政支出的监管。李敬辉（2009）认为，必须强化中央政府投资的监督管理，以确保扩大内需政策落实到位。需要明确中央政府投资使用范围，强化财政监督检查，并结合扩大内需，扩展和延伸监督检查范围。建议坚持把好项目资金安排关、投资预算安排下达关、投资预算执行关、项目资金拨付控制关、责任落实关；结合扩大内需，扩展和延伸监督检查范围；把握好政策界限，针对项目"批大建小"、未经批准擅自改变资金用途、资金挪用、用已完工项目申报获取中央投资、重复申报获取中央投资等具体问题的处理提出相应建议。

李节、张焱秋、李由鑫（2010）针对扩大内需资金拨付和中央投资项目实施的过程中存在的问题，提出了如下建议：完善财政监督的法律体系建设，从法制的角度解决财政监督职能发挥的瓶颈问题；从传统的事后监督过渡到事前、事中、事后全程监督；综合利用多元化监督主体，构成立体化监督体系。

此外，孙录友（2010）研究了金融危机背景下扩大内需的财政政策，认为采用积极的财政政策可以达到扩大国内需求，尽快走出经济危机的效果。提出了倾向加大支出的综合性财政政策建议：必须深化收入分配领域改革，完善收入差距调节制度；完善社会保障制度，增加消费倾向；实施为中小企业减轻税负的税收政策，增加投资需求；适当扩大政府支出规模，增强消费者和投资者的信心；积极推动科技创新，培育新的投资和消费热点。

3. 评述与启示

综上所述，学者们分别从不同角度论证了如何通过财政支出政策实现扩大内需的目标，形成了多种思路和具体建议，但是多见于广度，而深度不足，未成体系。在前人研究的基础上，本书将在深度上下功夫，对扩大内需的财政收入与支出政策进行系统研究，最终形成完整的理论体系。同时，结合我国国情和外部环境，提出可操作性强的政策建议，发挥好决策咨询作用。

通过对已有研究文献的梳理，我们得到关于本研究课题的如下启发：

第一，把握逻辑。"财政支出与扩大内需的关系"是整个研究的逻辑起点，但由于任何财政支出都有扩大内需的作用，从而使得这一问题变得复杂，也成为本项研究必须攻克的难点，只有掌握二者的逻辑关系，才能够把握政策支点，进而有的放矢。我们的研究将在明确内需的内涵和外延的基础上，对支出乘数、边际消费倾向等要素进行逐一分析，并从支出规模和结构方面分别分析财政支出与扩大内需的关系。

第二，把握重点。虽然扩大内需是一个系统性工程，但在财政资源有限的条件下，必须走由重到轻的路线，从重点开始逐一突破。目前，在内需重于外需的基础上，应明确：财政政策在扩大内需总量的效果上，对消费需求的作用效果强于投资，对扩大农村需求的作用效果强于城市，对扩大穷人需求的作用强于富人，对扩大居民需求的作用效果强于政府，对欠发达地区需求的作用强于发达地区。我们的研究应依照这一线索展开。

第三，把握纵向。由于扩大内需并非是新的战略方针，而是在全球金融危机背景下的一次重提，因此，有必要进行历史纵向的比较，借鉴我国在亚洲金融危机中扩大内需财政支出政策的成熟经验，吸取相应的教训。同时，在我国的经济发展阶段和"十二五"规划出台的现实环境下，研究公共服务均等化、政府采购、转移支付等对经济社会向纵深发展产生显著影响的财政支出关键环节。

第四，把握横向。通过财政支出来扩大内部需求并非中国的"专利"，国际上有不少成熟的经验可以借鉴，因此，必须在开放的视角下看待这一问题，选取典型案例进行研究和国际比较。同时，要结合经济全球化、国际金融危机和主权债务危机、外部通货膨胀和人民币升值压力的外部环境，形成完善我国扩大内需财政政策的一个横向思路。

第三节 研究思路

本书将紧紧围绕着扩大内需这一主线，以公共财政理论为出发点，以财政支出政策理论为支撑，密切联系我国宏观经济运行的实际情况，依托我国制定的"十三五"规划，全面系统分析财政支出政策对扩大内需的积极作用及应采取的各种对策。本书的研究主调为政策性研究，通过分析与探讨，为我国扩大内需的战略举措提供政策依据和政策建议。

第四节　研究方法

本书以政策性研究为重点，在公共财政理论的基础上，综合运用现代宏观经济学的原理与分析方法，从我国当前及今后的宏观经济形势出发，结合社会经济中的热点现象，遵循从理论到实践到政策建议的研究规律，深入分析财政收入与支出政策对扩大内需的积极作用以及具有可操作性的对策主张，充分体现"研以致用"的学风，并将规范研究与实证研究、定性分析与定量分析、静态研究与动态研究、全面分析与具体分析、特殊研究与一般研究等贯穿到本书的研究过程中。

第 一 章

扩大内需：理论认知与现实关切

内需不足是多年来困扰中国经济健康平稳发展的一个顽疾，是经济步入新常态下结构转型和转变经济发展方式所要解决的一项基础性难题。改革开放以来，中国逐渐形成了以出口，尤其是劳动密集型产品出口为导向的经济增长模式。特别是加入 WTO 以来，中国货物出口连续多年保持了远高于 GDP 增速的快速增长，使中国经济对外依存度不断提高，抵御外部经济冲击的能力不断下降。在特定的历史时期，这种经济增长模式有利于充分发挥中国劳动力丰富的比较优势，不仅实现了经济总量和人均 GDP 的迅速增长，在解决就业、提高人民生活水平等方面也取得了巨大的成就。

然而，随着中国经济社会的发展，传统依靠外需拉动的经济增长模式也暴露出诸多弊端。2008 年国际金融危机爆发，集中凸显了中国内外需结构的失衡，造成了宏观经济的剧烈波动，给国民经济运行带来较大冲击。因此，扩大内需并优化需求结构，逐渐成为中国应对外部冲击、推进结构转型、实现增长方式转变的关键抓手。宏观经济理论表明，财税政策能够通过多种渠道、多种方式影响内部需求，是政府扩大内需、实现经济健康发展的重要政策工具。在此种背景下，系统研究财税政策扩大内需的传导机制和作用机理，把脉中国内需不足的关键制度及体制障碍，探寻扩大内需的关键政策节点，指导中国扩大内需的财税政策实践，意义十分重大。本章从理论与实践两个层面，系统梳理扩大内需问题的相关概念、内涵与现实关切点。

第一节　内需的概念界定

经济生活中最为重要的两个变量是供给与需求，进入现代社会以来，在供给与需求这两个因素的博弈中，需求往往具有决定性作用。从某种意义上看，需求结构不仅决定着经济增长的速度，同时还决定着增长模式的质量。所谓内需、外需的分析方法，来自于以凯恩斯收入决定理论模型为指导的分析范式。根据支出法核算国内生产总值的公式，国内生产总值是私人消费、私人投资、政府购买和净出口四个部分的总和，即国内生产总值（GDP）＝私人消费支出（C）＋私人投资支出（I）＋政府购买支出（G）＋净出口（NX）。私人消费是居民个人为了最终消费而购买的物质产品和劳务的支出。在美国 GDP 构成中，私人消费支出所占比重最大。投资支出是指私人增加或替换资本资产的支出，包括固定资产投资和存货投资。政府购买支出是政府对商品和服务的购买支出，按照政府职能来划分，政府购买支出包括经济建设费、社会文教费、国防费、行政管理费等。在支出法国民经济核算统计中，国内生产总值（GDP）由最终消费支出（最终消费）、资本形成总额（投资需求）及货物和服务净出口（国外需求）三部分组成。与宏观经济学中支出法核算国内生产总值所不同的是，将政府购买与私人消费支出与私人投资支出分别组成最终消费支出与投资支出。其中，国内需求主要包括消费需求和投资需求，投资需求是中间需求，而消费需求则是最终需求，投资需求最终需要消费需求来消化，否则投资增长不可能持久维持下去。因此如何改善需求结构、提高消费需求对保持中国经济长期稳健增长具有重要意义。

基于支出法国民经济核算公式，社会总需求由内需和外需两部分组成，外需是货物和服务净出口，内需是最终消费需求与投资需求的总和。总需求的分解式可表示为：社会总需求＝内需＋外需＝（消费需求＋投资需求）＋外部需求。因此所谓扩大内需问题，即是要分析中国消费和投资相对于净出口在中国经济增长中的地位和作用。进一步看，从政策角度需要考察这些宏观变量演变背后的动因，并考察哪些政策能影响这些宏观经济变量，从而改变需求结构。当前居民消费与私人投资需求不足，且国际市场尚未从危机中恢复，外需仍然不振，政府通过实施扩张性积极财政政策增加政府支出，尤其是扩大政府投资规模来扩大总需求的各种政策措施，在短期内确实起到了稳定经济增长的作用，对防止经济快速下滑起到了积极作用。但对于启动居民消费，刺激私人投资的作用效果却不明显，长期内难以增强经济对外部危机的抵抗力，也不能保证经济的可持续发展。

第二节　内需层次的划分

根据前文对需求的界定，内需与外需是社会总需求的两个组成部分，内需又分为最终消费需求和投资需求两部分。在中国经济转轨进程中，私人部门与政府是中国投资和消费需求的两大主体，由于市场机制尚未完善，私人投资与居民消费在社会总需求中仍未起到决定性作用，而政府投资和政府消费是拉动社会总需求的关键性因素，私人部门与政府的投资和消费需求的差异对中国需求结构的影响较大，也是确定扩大内需的关键着力点。因此私人部门与政府成为研究内需层次的重点。按照消费和投资的两大主体，最终消费支出分为居民消费和政府消费，投资支出分为政府投资和私人投资两部分。同时，中国是典型的城乡二元结构的国家，城乡居民的消费行为存在较大的差异，刺激城乡居民消费的政策着力点也不同，因此居民消费支出又可分为城镇居民消费支出和农村居民消费支出，以进一步研究城乡居民消费水平的差异。用图 1-1 可将需求的层次表示为：

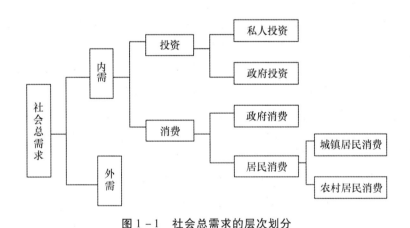

图 1-1　社会总需求的层次划分

一　消费需求的层次划分

消费需求是一个综合的需求概念，涵盖多个层次的需求，由于消费主体的不同，可以将之分为政府消费与居民消费，其中居民消费又可按照居民身份的不同进一步区分为城镇居民消费与农村居民消费。扩大消费需求政策也应根据消费主体和身份的不同制定差异化的政策措施。

1. 居民消费与政府消费

国家统计局将最终消费分为居民消费和政府消费。居民消费是指常住住户在一定时期内对于货物和服务的全部最终消费支出。居民消费除了直接以货币形式购买的货物和服务的消费支出外，还包括以其他方式获得的货物和服务的消费支出，即所谓的虚拟消费支出。居民虚拟消费支出包括如下几种类型：单位以实物报酬及实物转移的形式提供给劳动者的货物和服务；住户生产并由本住户消费了的货物和服务，其中的服务仅指住户的自有住房服务和付酬的家庭雇员提供的家庭和个人服务；金融机构提供的金融媒介服务；保险公司提供的保险服务。政府消费是指政府部门为全社会提供的公共服务的消费支出和免费或以较低的价格向居民住户提供的货物和服务的净支出，前者等于政府服务的产出价值减去政府单位所获得的经营收入的价值，后者等于政府部门免费或以较低价格向居民住户提供的货物和服务的市场价值减去向住户收取的价值。政府消费属于西方经济学的"政府购买"范畴，即各级政府用于物品与劳务的支出。

改革开放以来，中国的居民消费需求相对不足，经济增长主要依赖于投资与出口拉动，居民消费占 GDP 的比重呈现下降趋势，而投资一直呈攀升趋势，钢铁、水泥、电解铝等行业的投资过快增长，出现了生产能力过剩的局面。在全球金融危机对中国出口造成严重冲击的背景下，贸易摩擦不断增加，国际市场对中国过剩产能的消化能力开始萎缩，而国内居民消费持续疲软，加重了生产能力过剩。为应对金融危机对中国经济的冲击，国家出台了 4 万亿投资计划以稳定经济增长，但投资规模不断扩大，投资消费需求结构失衡的矛盾进一步加剧，对中国经济的持续发展和良性循环构成直接的威胁。居民消费支出占最终消费支出的比重不断下降的同时，政府消费支出的比重却在不断增加，且政府消费支出的增速逐渐高于居民消费支出的增速，行政管理成本的上升，一方面助长了政府部门奢侈浪费之风，另一方面也不利于刺激居民消费水平的提高。

2. 城镇居民消费与农村居民消费

根据国家统计核算，居民消费支出又依据居民户籍身份的不同分为城镇居民消费和农村居民消费。1958 年 1 月全国人大常委会第三次会议讨论通过《中华人民共和国户口登记条例》，这标志着中国以严格限制农村人口向城市流动为核心的户口迁移制度的形成，也使中国成为典型的具有城乡二元结构特征的国家。城市经济转型受益于工业化进程加快和现代企业制度的建设与完善，目前已经基本完成，而农村地区经济转型相对滞后，已经逐渐成为制约中国经济均衡发展和消费内需增长的关键问题。城乡不同的社会资源配置制度使城乡居民生活表现出较大的差异。对城市和农村差异化的土地、劳动力和资本等市场要素流动的管制，致使农民的要素收入和资产性收入不能有效地实现。近年来，中国城乡收入差距不断增大，城乡土地、房屋等资产价值差异快速开始追逐，广大农村居民的最低生活保障制度、养老保险制度、农村医疗保险等基本社会保障体制还没有建立健全，农民用于教育、医疗、住房的三大消费支出依然较重，造成农民其他合理消费需求被压抑，由此产生的预防性储蓄动机对消费预期产生了明显不利影响，制约了农村消费需求的扩大。虽然政府出台了一系列的调控手段，实施家电补贴、免除农业税，实行粮食直补等支农、惠农政策，加大对农村的支持力度，但还没有从根本上扭转这种局面。

由于农村地区的要素市场化程度滞后特别是资产性收入的缺失，导致农村居民和城市居民的收入差距扩大。1984 年中国城镇居民人均可支配收入是农村居民人均可支配收入的 1.6 倍，1997 年扩大到 2.47 倍，2003 年进一步扩大到 3.24 倍，2009 年又进一步提高到 3.33 倍。城乡二元结构的存在直接拉大了农村居民消费水平与城镇居民消费水平的距离。1978 年城镇居民消费支出是农村居民消费支出的 0.61 倍，2000 年扩大到 2.03 倍，2010 年已增长到 3.31 倍。2007 年城镇居民消费支出为 69403.5 亿元，同比增长速度为 16.9%；农村居民消费支出为 23913.7 亿元，同比增长速度为 13.3%；农村居民消费支出仅占城镇居民消费支出的 34.5%。

基于中国城乡分割的二元经济体制特征，从发展经济学的分析视角可以发现城乡消费的期限结构差异增大的特征：由于长期以来农村居民一直保持较低的消费水平，农村居民的长期消费倾向要高于城市居民；而短期又面临来自要素收入水平较低、资产性收入较少的收入硬约束和预防性储蓄倾向逐年提高导致的支出软约束，农村居民的短期消费倾向明显低于城市居民。与之相对应，由于城市已有完备的消费市场体系和良好的消费环境和消费设施，已连续多年保持较高的消费水平，因而城镇居民的长期消费倾向要低于农村居民，因此，当前扩大居民消费需求，应着力扩大农村居民消费，提高农村居民消费水平无疑是保障中国内需可持续扩大的正确方向。

二　投资需求的层次划分

在宏观经济学中，投资是与消费相对的概念。在现实经济中，投资所涉及的范围和领域极其广泛，与其相关联的经济现象也十分复杂。不管对投资涵义的具体描述有什么样的差异，就投资的本质而言几乎是一致的，即投资是一种经济活动，它与实际资本形成相联系，与生产过程相联系。在这里，我们可以将投资作如下定义：投资是指经济主体为获取预期目标而投入一定量货币或其他经济要素，以形成资本的经济行为。投资行为的经济主体称为投资主体或投资者，在现实经济生活中，投资主体或投资者既可能是经济法人也可能是自然人，具体包括各种公司、企业单位或企业集团、居民个人及各级政府和机构等。投入的资产形态可以是货币，也可以是设备、原料等有形资产，或技术、信息、商标、专利权等无形资产。投资所形成的资产既可以是由固定资产、流动资产、无形资产和递延资产所构成的真实资产，也可以是由股票、债券等有价证券所构成的虚拟资产。投资主体进行现期投资的经济行为的目的则在于实现一定的预期目标，这个预期目标既可能是直接的经济效益，也包括其他方面的非经济目标，比如社会声誉等。投资行为可以由不同性质、不同类别的经济主体来实施。按照投资主体不同，社会总投资可分为政府投资和私人投资两部分。

1. 政府投资

政府投资的定义可以概括为：政府作为经济主体为获取预期目标而投入一定量货币或其他经济要素，以形成资本的经济行为。在市场经济的条件下，由于政府不能在微观层次上直接介入企业的活动区域，因此，政府投资往往限定于特定的公共服务领域和公共产品供给领域，一般也称为"公共投资"。但是，在学术界对"政府投资"与"公共投资"有着不同的理解①。一种理解认为，公共投资指公共部门为主体的投资活动（包括公共企业投资），由于政府是公共部门的核心和主体（公共企业往往是政府某种程度上的附属物），从该角度讲，公共投资和政府投资是基本等同

---

① 参见欧斌《政府公共投资效应研究综述》，《中国行政管理》2009 年第 11 期。

的。另一种理解认为，公共投资是各种经济主体以公共领域为对象的投资活动，因此，公共投资主体就应该是多元的，非政府主体完全可以投资公共领域。这样，政府投资与公共投资就不能完全等同。

中国公共领域的投资基本上由政府承担，政府对非政府主体投资公共领域有着明确的限制，在一些关键性基础领域还控制得非常严格。因此，在中国"政府投资"在很大程度上等同于"公共投资"。政府投资的资金来源主要由公共财政预算拨款、政府性基金收入、国有资本经营收益等方式筹措资金。政府投资主要是运用公共财政预算拨款等方式进行的投资活动，换句话说，政府投资是财政支出的一部分。财政支出按照经济性质的不同，分为购买性支出和转移支付。其中，转移支付表现为资金无偿的、单方面的转移，政府不能从中获取相应的物品和服务，主要包括补助、捐赠和债务利息。购买性支出则直接表现为政府购买商品和服务的活动，购买性支出又被划分为消费性支出（行政、国防，科教文卫事业费用）和投资性支出（经济建设支出）。由此，政府投资可以从广义和狭义两个层面来理解。广义的政府投资指政府购买性支出，是经济建设投资、政权建设投资和事业发展建设投资的总和，不仅强调经济性还强调社会公益性。狭义政府投资仅指购买性支出中的投资性支出，即经济建设投资，强调经济性。

我们所指的政府投资主要涉及狭义层面的投资性支出，它与消费性支出的主要区别在于投资性支出能够形成资产：政府把一部分集中性财政资金投入社会再生产过程各个环节中去，为保证社会再生产的顺利进行，对固定资产再生产和流动资金按最低限额投入资金。所以说，政府投资性支出是以国家或政府为投资主体，以财政资金为投资来源的，是政府直接干预经济，进行宏观调控的重要工具之一。自1998年应对亚洲金融危机对中国经济的冲击以来，在外需不振、居民消费需求疲软的形势下，政府投资一直是防止经济迅速下滑、拉动经济增长的有力工具。但政府投资并未带动私人投资规模的扩张，也未能刺激居民消费需求的增加，而是成为拉动经济高速增长的内生性变量，并逐渐拉大了投资消费比例的差距，进一步扩大了投资消费结构失衡。外部市场的萎缩以及国内居民消费需求疲软，使政府投资形成的生产能力得不到及时充分的消费，在此基础上继续扩张投资规模，最终造成重复建设以及生产能力过剩。同时政府投资的资金来源于地方投融资平台，政府投资规模的扩张，也使地方政府债务规模膨胀，并加大了地方政府债务风险。因此，当前以政府投资拉动经济增长的发展方式不利于经济发展方式的转变，也不利于经济健康持续发展。

2. 私人投资

私人投资是国内投资中非政府投资的部分，其投资主体是政府以外的公司、企业和其他经济组织或者个人进行的投资，具有很强的生产性和赢利性。中国私人投资主要采取民营企业的组织形式，并且多为中小企业。私人投资领域选择受到一定的限制，大多只能投资那些规模相对较小，资金周转快、投资回收期较短的短期投资项目。私人投资企业为了追求高的经济收益，会努力地寻求获取投资收益的渠道，提高各项要素的使用效率，降低投资成本等一系列的手段，来努力提高投资的效率，期望以最少的投入获取最大的投资收益。私人投资能够更好地发挥市场调控的作用，在看不见的手的作用下，私人投资更容易取得较高的经济效益。

在整体上说，中国私人投资的效率偏低，仍存较大的提升效率的巨大空间。首先，中国的私人投资很多产权制度并不正规。私人投资企业中，血缘、亲缘、人缘在其经营过程中的影响过大，往往发生一些非经济的行为，对其现代化管理不利。其次，其经营管理体制并不正规。企业往往是采取家族企业的模式，在管理上也是家族管理，缺少专业的职业经理人。再次，其进入的产业往往门槛较低。进入容易，退出也容易，技术含量低，很难规模化发展，并持续增长。还有，其往往投资过于分散。私人企业往往无法在其主营业务投资上实现高速度发展，就搞多元化投资，甚至不做实业。最后，最为重要的是政府对私人投资进行严格的监管和限制，决定多数关系国计民生的关键性行业仍不允许私人资本进入。此外政府在对私人投资管理与服务上并不正规。对私人投资的管理和发展，并没有完全纳入中国国民经济和社会发展的总体规划中，缺乏有效的管理制度。更有一部分私人投资游离于实体经济之外，存在大量的灰色经济、地下经济。

第三节　中国内需不足的程度判断

2008 年受美国次贷危机引发的全球金融危机的影响，中国对外贸易受到沉重打击，增速出现明显下滑，使中国长期以来依赖出口的增长模式面临严峻的考验。在外需持续不振的背景下，中国内需不足的矛盾日益凸显，扩大内需成为稳定经济增长，防止经济因出口下滑而失速的重要途径。但如何判断中国内需不足的程度，成为制定"保增长"政策以及扩大内需政策着力点的依据。作出内需不足的判断，必须有一个合理内需规模的判断标准，明确到底怎样的内需规模是足够的，或怎样的需求结构是合理的，以对当前内需的现状作出客观评判。在此，我们分别基于国际比较、可持续发展、民生福利等标准对中国当前内需结构进行分析，以判断内需不足的程度。

一　从国际比较来看中国需求结构的失衡

虽然世界各国均有其各自不同的国情和发展特征，但多数主流国家的需求结构仍具有显著的规律性和可比性，通过对比中国与世界各国需求结构的差异，能够较为客观地判断中国内需规模是否存在不足。

1. 从外贸依存度的国际比较看中国内外部需求结构的失衡

在开放经济下，如果消费需求不足，投资需求旺盛，会引起生产要素从消费部门流向投资品生产部门，消费之后的剩余产品便转化为存货或出口。内需与外需的均衡可以用外贸依存度这个指标来判断。外贸依存度是一国对外贸易额（出口额与进口额之和）在该国国内生产总值中所占的比重[①]，它反映一国外需在其国民经济中的重要性。改革开放以来，中国对外贸易依存度总体呈上升趋势，且上升幅度远远大于世界贸易依存度的上升速度。中国对外贸易依存度从 1978 年的 9.54% 增长到 2013 年的 45.29%，上升了近 36 个百分点。2013 年世界平均的对外贸易依存度为 50.28%，事实上，2002 年以后中国的贸易依存度始终高于世界平均水平（图 1－2）。2008 年受国际金融危机的冲击，国际市场萎靡不振，中国出口持续下滑，国家通过实施积极财政政策扩大投资以刺激经济增长，而外贸依存度仍有所下滑。

---

① 本书对外贸依存度的计算所使用的公式是：外贸依存度 = 汇率 × （出口总额 + 进口总额） ÷ 国内生产总值 × 100。

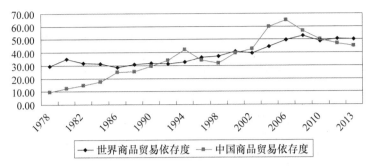

图 1 - 2　中国与世界商品贸易依存度对比（1978—2013 年）

资料来源：世界银行《2013 年世界发展指标数据库》。

表 1 - 1 列出的是 GDP 排名前 15 个国家中的代表，发达国家如果其国内经济规模较大，人口较多，因其国内人均收入水平普遍较高，国内市场需求大，出口贸易的比重相对于国内贸易来说小，对外贸易依存度相对较低。如美国是人口、资源、疆域都比较丰富的大国，因拥有较为广阔的国内市场，外贸依存度就相对较低（20% 左右），英国、法国、意大利是经济规模较大，国内资源不足的发达国家，外贸依存度就比较高（45% 左右）。

与同 GDP 水平的发达国家相比，2006 年前后中国对外贸易依存度达到 60% 以上（2003—2007 年中国对外贸易依存度分别为 51.86%、59.77%、62.98%、64.88%、62.26%），2008 年金融危机爆发之前贸易依存度已经过高，对国际环境的依赖程度不断加深，而内需则表现疲弱，使中国经济安全风险骤增。2005 年中国的外贸依存度为 62.98%，高出美国 42.87 个百分点，高出日本 38.68 个百分点，平均高出英法意三国约 20 个百分点，2008 年金融危机的爆发使中国出口遭受重创，经济增速迅速下滑，进一步凸显出中国经济增长过度依赖于外需，而内需长期的疲软使得内需不足以支撑国内经济的稳定增长，在外需迅速下滑的形势下经济增速也迅速下滑。

与同 GDP 水平的国家相比，2008 年金融危机爆发之前中国对外贸易依存度也较高。仍以 2005 年中国外贸依存度的 62.98% 作比较，高出巴西 40.74 个百分点，高出印度 33.91 个百分点，高出俄罗斯 14.66 个百分点。从与世界主要国家对外贸易依存度相比较来看，中国对外贸易依存度过高，而国内需求长期疲软，内需与外需的结构面临严峻的失衡局面。

表 1 - 1   世界主要国家（GDP 全球排名前 15 的国家中抽取）的
对外贸易依存度对比   单位:%

国家	1990 年	1995 年	2000 年	2005 年		2010 年	2013 年
				各国的值	中国高出值		
美国	15.82	18.42	20.62	20.11	42.06	21.71	23.28
日本	27	14.8	18.4	24.3	38.6	26.68	31.59
中国	32.34	38.58	39.57	62.98	0	50.14	45.29
法国	36.24	37.62	50.19	45.29	17.92	44.18	46.08
英国	40.31	43.66	42.87	38.69	23.61	42.13	47.41
意大利	31.08	39.05	43.68	42.43	20.36	45.46	48.04
巴西	11.68	13.09	17.7	22.24	40.76	18.36	21.94
西班牙	27.52	35.42	46.74	42.57	20.4	41.98	48.18
印度	13.09	18.34	20.41	29.07	34.04	33.75	41.47
俄罗斯	——	35.91	57.84	48.32	14.67	42.58	41.38

资料来源：世界银行《2014 年世界发展指标数据库》。

    中国加入 WTO 后，作为全球低成本制造基地的相对优势凸显，引发国际生产转移效应。中国地方政府出台的出口退税、出口信贷和补贴等外贸调控政策鼓励企业出口，使中国出口商品在国际市场上的份额不断提升。对于资本品进口，实行进口设备税收的可抵扣、"三减两免"等税收优惠政策。在出口和进口的双向激励下，中国进出口总量快速上升，推动了中国外贸依存度的提高，上升幅度远远大于世界贸易依存度的上升速度。中国过高的外贸依存度使中国更加主动地参与国际市场竞争，加快融入全球一体化的进程，但同时也给中国经济发展带来了新的风险和影响，首先，出口规模不断扩大的同时，也面临着国外反倾销和贸易壁垒的增加，不可避免地进入国际经济贸易摩擦时期；其次，对国际经济危机的抵抗力降低，中国外贸依存度较高，对国际市场的依赖程度不断加深，外部需求的波动对中国经济运行的影响日益增加，2008 年美国次贷危机引发的全球性金融危机对中国出口和经济发展造成了严重的冲击，暴露出过高的外贸依存度对国内经济的负面影响；再次，不利于产业结构的优化。中国出口产品的比较优势依然集中于劳动密集型产品，产品附加值较低，处于全球产业链的底端。出口企业严重依赖于国外企业的订单，而不是依靠自主研发和自有产品来开拓国际市场，某些部门的核心技术长期掌握在外国跨国公司手中，大部分加工贸易只能停留在跨国公司全球化生产经营链条的低端环节，对国际高新技术和关键设备的高度依赖性，制约了中国自主创新能力的提高。

2. 从国际标准看中国投资消费结构失衡

投资和消费是宏观经济学中的两个基础变量，两者关系的研究在经济学中占有着重要地位，它们的协调发展是经济健康运行的客观要求，决定着社会再生产能否顺利进行。投资和消费是相辅相成的两个方面，如果过分强调某一个方面而使另一个方面受到抑制，都将会影响经济的整体运行。如果投资大于消费，那么投资形成的供给很难被消费需求所吸纳，就会造成生产过剩；反之，如果消费大于投资，那么就会受到生产供给的约束而产生通胀。所以，在宏观上保持适当的消费、投资比例是必要的。而从现状分析中可以基本认定中国的投资与消费比例失衡，消费率相对低，而投资率相对高，且投资增速高于消费的增速。

（1）基于钱纳里标准的中国内需不足。根据国际货币基金组织（IMF）的数据，发达国家最终消费支出占 GDP 的比例平均在 80% 左右，发展中国家平均约为 74%，相比之下，中国远没有达到这个水平。钱纳里（1988）采用 101 个国家或地区（不包括斯大林模式的计划经济国家或地区）的市场经济事实，通过横向和纵向的比较形式，提供了经济的一般发展结构和动态过程，这个模型度量了伴随着收入增长，消费、储蓄、投资、生产贸易及其他集成指标的结构变化。按照钱纳里模型，人均国民生产总值在 600—900 美元时，消费率平均为 77%，投资率平均为 23%。中国 2005—2008 年正处于这个阶段，但消费率年均为 49.8%，投资率年均为 42.8%，与钱纳里模型相比较，中国的最终消费率水平平均低 20 个百分点，投资率高 20 个百分点。1978—1992 年中国的消费率大于 60%，是改革开放三十多年来比较高的一个水平，可视为对改革前所被压抑的消费的补偿，之后，就一路下滑。从总体来看，中国的消费率远低于世界平均水平，而投资率却一直高于世界平均水平。

表 1 - 2   中国消费率、投资率与钱纳里模型比较   单位：美元,%

钱纳里标准			中国实际				中国与钱纳里标准的差值	
人均 GNP（1964 年美元表示）	消费率	投资率	年份	人均 GNP（1964 年美元表示）	消费率	投资率	消费率	投资率
中值 + 100	89.8	13.6	1978	70.6	62.1	38.2	- 25.1	21.7
			1980	79.8	65.5	34.8		
			1983	96.3	66.4	32.8		
100	85.7	15.8	1985	121.9	66	38.1	- 21.4	21.3
			1989	160.7	64.5	36.6		
			1992	198.8	62.4	36.6		
200	82	18.8	1993	223.4	59.3	42.6	- 23.3	22.7
			1995	270.3	58.1	40.3		
300	80.2	20.3	1997	318.4	59	36.7	- 19.9	15.8
			1998	340.4	59.6	36.2		
			2000	392.7	62.3	35.3		
600	77.9	22.4	2005	661.1	52.9	41.6	- 25.0	19.2
700	77.1	23.2	2006	764.6	50.7	41.8	- 26.4	18.6
800	76.9	23.4	2007	815.1	49.5	41.7	- 27.4	18.3
900	76.7	23.7	2008	978.1	48.4	43.9	- 28.3	20.2

注：①世界银行公布的中国人均 GNP 1983 年为 96.3 美元，其他年份根据中国的 GNP 增长率推算得到；②根据样本的构成，人均国民生产总值在 100 美元以下的国家的中值略有变化。资料来源：霍利斯·钱纳里等：《发展的型式：1950—1970》，经济科学出版社 1988 年版；中国投资率与消费率来源于《中国统计年鉴（2011 年）》。

（2）从国际比较来看中国内需不足。从国际比较来看，中国居民消费率不仅本身不断下降，而且远远低于发达国家和其他金砖国家。表 1 - 3 列出了中国与世界主要国家的居民最终消费占 GDP 的比重，1992—2012 年中国居民消费占 GDP 的比重年均为 41.89%，低于表中所列出的法国、德国、美国、英国、日本等发达国家，也低于俄罗斯、巴西、印度、南非、韩国。1992—2012 年中国居民消费占 GDP 的比重从 47.16% 下降到 41.88%，而其他国家则增长到了 50% 以上，巴西、南非则维持在 60% 以上。2005 年中国居民消费占 GDP 的比重下降到 40% 以下，低于其他国家近 20 个百分点。

表 1-3　世界主要国家的居民最终消费①占 GDP 比重　　　单位:%

年份	中国	法国	德国	美国	英国	日本	韩国	俄罗斯	南非	巴西	印度
1992	47.16	57.36	57.62	66.80	63.32	53.24	51.14	——	63.46	57.14	——
1993	44.43	57.61	58.29	67.25	64.12	54.02	51.31	——	62.33	62.34	——
1994	43.50	57.28	57.95	67.05	63.56	55.28	52.17	——	62.35	62.21	——
1995	44.88	56.96	57.70	67.26	63.20	55.35	52.33	52.09	63.07	62.46	——
1996	45.79	57.42	58.06	67.28	63.94	55.50	53.30	52.02	62.80	64.66	——
1997	45.21	56.37	58.08	66.85	64.12	55.43	53.58	54.75	63.51	64.88	64.48
1998	45.34	56.18	57.67	67.31	64.54	56.11	50.32	57.47	63.77	64.33	64.90
1999	46.00	55.90	58.09	67.81	65.10	57.22	52.82	53.54	63.62	64.73	65.76
2000	46.44	56.20	58.36	68.64	65.50	56.52	54.77	46.19	63.38	64.34	64.55
2001	45.34	56.51	58.68	69.50	65.70	57.33	55.93	49.39	63.12	63.47	65.07
2002	44.04	56.43	58.18	69.90	65.64	57.90	56.72	51.08	61.84	61.72	64.47
2003	42.19	56.84	58.88	70.04	65.00	57.63	54.76	50.67	62.11	61.93	63.44
2004	40.56	56.62	58.46	69.77	64.71	57.30	52.62	50.44	62.95	59.78	60.12
2005	38.82	56.91	58.76	69.74	64.62	57.77	53.79	49.94	63.06	60.27	58.81
2006	36.94	56.73	57.89	69.53	63.51	57.90	54.46	48.78	63.16	60.30	58.08
2007	35.97	56.49	55.87	69.66	63.46	57.33	54.39	48.78	62.73	59.90	57.20
2008	35.12	56.88	56.10	70.20	63.28	58.28	54.71	48.90	61.57	58.93	57.49
2009	34.98	58.10	58.43	70.46	63.93	60.05	54.08	54.64	60.92	61.12	58.57
2010	33.80	58.04	57.45	70.46	64.20	59.24	52.59	52.48	59.21	59.64	57.10
2011	41.22	54.32	55.20	73.87	66.58	61.46	56.28	53.81	56.93	56.85	57.41
2012	41.88	60.18	60.97	68.64	68.00	60.72	54.45	53.56	55.74	62.53	57.67
均值	41.89	56.92	57.94	68.95	64.59	57.22	53.64	51.59	61.98	61.60	60.95

资料来源：历年《中国统计年鉴》和 OECD 国民账户。

---

①　中国国家统计局核算的居民最终消费和 OECD 核算存在口径不同。主要在两个方面：第一，OECD 国家将非营利机构要么与居民部门合并，要么单列，而中国是计入政府部门，但中国非营利机构数据不大，因此可以看作国际可比。第二，中国国家统计局将政府对居民的医疗补贴（报销部分）包含在居民最终消费中，而 OECD 是计入政府消费。

在资本形成总额中，存货占的比重一般不大，因而讨论资本形成问题，实质上主要研究的是固定资本形成问题。在 1992 年至 2014 年期间，全国的资本形成中，存货增加所占的比重是逐步下降的，从 1992 年的8.72%下降到2014 年的 1.90%，因而固定资本形成可以反映总的投资增长态势。中国的资本形成总额与固定资本形成增长态势可分为三个时期：1992 年至 1993 年，这一时期固定资本形成总额占比呈跳跃式上升。1993年至 2002 年，这一时期资本形成占 GDP 比重比较平缓，在 GDP 高速增长的前提下，资本形成伴随着急速上升。2002 年至 2014 年，资本形成快于GDP 增长，尤其是 2007 年金融危机之后，固定资本形成总额更是急剧上升。

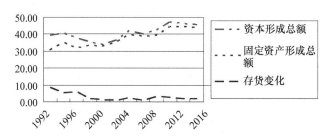

图 1 - 3　固定资本形成总额与存货变化占 GDP 比重

资料来源：历年《中国统计年鉴》和 OECD 国民账户。

我们将中国的固定资本形成总额与发达国家和其他金砖国家进行比较，不难发现，在 1998 年之前，中国的固定资本形成总额与韩国相当，略高于日本。在 1998 年之后，中国的固定资本形成迅速扩张，其占 GDP的比重从 1998 年的 36.9%增加到了 2013 年的 47.7%，而韩国和日本的固定资本形成则趋于下降。当然，其中也需要考虑到中国与发达国家发展阶段的差异，日本和韩国在 20 世纪六七十年代基本完成了比较大规模的基础设施建设，美国的基础设施建设也在 20 世纪 30 年代基本完成，中国刚刚进入快速发展时期，有着极大的基础设施建设需求，如此高的固定资本形成总额具有一定的合理性。另外我们也可以看到，印度的情况跟中国极为相似，固定资本形成总额不断上升，从 1997 年的 24.5%增加到了 2013年的 32.5%。

表 1 - 4　　　　　世界主要国家固定资本形成总额占 GDP 比重　　　　单位:%

年份	中国	法国	德国	美国	英国	日本	韩国	俄罗斯	南非	巴西	印度
1992	37.3	21.8	25.0	20.0	17.9	30.5	34.5	34.6	14.7	18.9	24.2
1993	44.2	19.4	23.7	20.3	17.5	29.2	33.0	27.0	15.2	20.8	21.3
1994	42.0	20.2	23.9	21.2	18.4	28.0	34.1	25.5	17.7	23.0	23.2
1995	41.7	20.4	23.8	21.2	20.1	28.1	34.8	25.4	19.2	19.2	26.1
1996	40.2	19.5	22.7	21.6	20.3	28.6	35.9	23.7	18.0	17.6	22.1
1997	37.7	19.3	22.7	22.4	19.5	28.1	33.1	22.0	17.7	18.1	24.5
1998	36.9	20.6	23.3	22.8	20.1	26.1	22.9	15.0	18.0	18.5	23.5
1999	36.5	21.3	23.4	23.3	19.5	24.7	26.7	14.8	17.0	17.7	26.8
2000	34.9	22.4	23.9	23.6	19.9	25.1	32.9	18.7	16.4	19.1	24.1
2001	36.1	22.1	22.3	22.1	19.3	24.3	31.6	21.9	15.7	18.9	25.6
2002	37.7	21.2	19.9	21.6	19.0	22.5	30.9	20.1	16.3	17.6	25.0
2003	41.0	21.1	19.7	21.7	18.6	22.4	32.0	20.9	17.1	17.1	26.1
2004	43.0	21.8	19.1	22.5	18.5	22.5	32.1	20.9	18.5	18.0	32.5
2005	41.9	22.4	18.8	23.2	18.5	22.5	32.2	20.1	18.3	17.4	34.3
2006	42.7	23.2	19.7	23.3	18.5	22.7	32.7	21.2	20.2	18.0	35.9
2007	41.4	24.1	20.7	22.4	19.1	22.9	32.6	24.2	21.0	20.0	38.0
2008	43.7	24.1	20.8	20.8	18.1	23.0	33.0	25.5	23.0	21.8	35.5
2009	47.6	21.3	18.1	17.5	15.0	19.7	28.5	18.9	20.7	19.0	36.3
2010	47.3	21.9	19.5	18.4	16.3	19.8	32.0	22.6	19.5	21.8	36.5
2011	47.2	23.2	20.6	18.5	16.4	20.2	33.0	25.0	19.1	21.8	38.9
2012	47.3	22.6	19.2	19.2	16.5	20.9	31.0	24.5	20.1	20.3	36.3
2013	47.7	22.3	19.0	19.3	17.1	21.1	29.1	22.8	20.1	20.7	32.5

资料来源：历年《中国统计年鉴》和 OECD 国民账户。

由此可以看出，中国内需不足并不是投资消费需求的不足，而主要是居民消费需求的不足。投资需求则显著高于世界各国的投资占比，呈现出投资需求过剩的态势。事实上，中国这种内需不足的差异化现象是必然的，在外部需求快速增长的情况下，必然要求投资需求的快速增长，只是在这种背景下消费需求不足的问题日益严峻，更加凸显了投资带来的产能过剩，从而加剧了依靠外部需求的经济增长格局。

（3）中国投资消费结构与各国存在偏差的原因分析。投资规模的扩张是政府与市场双重驱动的结果。为应对金融危机对中国经济造成的严重冲击，有效防止经济迅速下滑，中央政府进行了大规模国债投资和预算外投资，同时也寄希望于政府投资对社会资金特别是民间资本产生诱导和拉动效应，当经济的启动达到一定阶段后，市场的力量增强，市场对一些行业如钢铁、建材、冶金等的需求猛增，这些行业的利润诱导了社会资金的大量跟进，从而造成过度投资。在中国政治晋升与财政分权体制下，经济增长是主要的政绩考核指标，地方政府为追逐政绩而通过各种手段刺激当地经济增长，由于投资具有显著的增长效应，地方投融资平台为地方政府投资提供充足的资金来源，从而激励地方政府扩张投资规模。1998年以来的积极财政政策以大量发行建设国债和政府投资的扩张为基本特征，通过政府直接投资弥补最终消费、净出口和资本形成下降留下的需求缺口。并且由于体制性约束导致的消费压抑，积极财政政策作用于市场机制传导的工具性效果并不明显，更主要的是以直接产出效果来保持经济增长的速度。这样的体制背景决定了政府投资对这一阶段的经济运行具有举足轻重的作用。但同时也加重了消费和投资比例的结构失衡。

居民消费需求长期疲软的根本原因在于消费的体制性约束，主要包括传统体制下的"社会契约"对居民的转嫁以及多"二元结构"进一步降低了居民边际消费倾向。转轨成本的消化将形成对这一阶段经济运行和市场机制的基本制约，而一部分转化为家庭部门的个人支出，比如原来体制下全民范围都享受到的教育之类的补贴，不论结构如何调整，一部分支出仍然要由财政来负担，一部分则转移给家庭，迫使居民以增加储蓄、缩减即期消费来应对。这笔支出与其他预期支出一起改变着居民的长期预期和消费倾向，总体上都将使市场机制的传导在消费环节发生障碍。同时，转轨与发展双重作用下的"二元结构"使中国收入分配差距日益拉大，传统的城乡二元结构以及以效率优先、鼓励一部分人先富起来的政策导致的收入分化，使收入差距呈现一种全面扩大的态势，导致居民边际消费倾向降低，加剧了有效需求不足的程度。

二　从可持续发展角度来看中国内需不足

可持续发展是既满足当代人的发展需求，又不对后代人的发展需求构

成危害的发展模式，这是全球经济发展所追求的目标和方向。可持续发展
以保护自然资源环境为基础，以激励经济发展为条件，以提高和改善人类
生活质量为目标。对资源的节约利用是可持续发展的一个基本要求。因
此，提高资源的利用效率是保障经济可持续发展的重要渠道。以可持续发
展为标准来衡量中国的需求结构，可以看出金融危机之前中国以出口来拉
动经济增长的外向型经济发展模式的不可持续性，也可以看出政府通过扩
大投资规模拉动经济增长、扩大内需的相机决策的宏观政策也具有不可持
续性。

1. 以出口为导向的经济发展模式不可持续

由于受到经济危机的影响，与 2008 年相比 2009 年出口额有所下降，
但出口总量依然超过了 1.2 万亿美元。从现有的统计资料来看，2010 年前
9 个月中国出口贸易大幅度增加，已经突破 1 万亿美元。国内经济增长过
度依赖国际市场，必然会受到国际市场波动的强烈影响，从而引起国内市
场的波动。2008 年 9 月美国爆发金融危机后，中国的外需随之下降，而居
民消费长期疲软，不足以稳定经济增长，经济增速也随之下滑。

多年来，中国一直奉行以所谓低成本"比较优势"为特性的外向型经
济发展战略。在世界经济全球化和国际产业结构调整过程中，中国外向型
的发展战略使国际一些高能耗、资源性的产业转移到了中国，相应加大了
中国的资源能耗总量，中国也直接或间接地出口大量的能源资源，使中国
承担着资源消耗和生态环境成本。由于内需不足，中国消费品市场过分依
赖出口，国外消费者控制主动权，他们通过挑起国内企业的恶性竞争以获
得最低的进口价格。同时中国出口产品的比较优势是依靠廉价的劳动力获
得，产品附加值较低，自主研发和创新能力不足使中国经济长期难以摆脱
粗放式的发展模式。

随着我国经济社会的发展、人口结构和要素禀赋的变化，与越南、印
度等发展中国家相比，我国劳动力成本优势正在逐步丧失，跨国公司劳动
密集型产品的订单正在逐步转移，产业结构转型升级的压力不断增加。在
这种情况下，扩大国内消费需求，引导和鼓励国内投资，尤其是民间资本
向新兴产业的投资，是转变经济发展方式的必由之路。而 2007 年以来，
由美国次贷危机引发的全球性金融危机导致的外需减少，出口下滑的局面
更进一步增加了扩大内需的必要性和急迫性。因此，扩大内需不仅是应对
金融危机的短期措施，更是关系到我国经济长期可持续发展的中长期

战略。

2. 内需结构失衡使中国经济发展不可持续

内需结构的失衡也使得中国经济发展模式存在不可持续性。首先，政府投资增速过快不利于经济持续发展。当前中国正处于体制转轨的关键时期，财政体制不完善，收入分配机制不合理以及体制转轨过程中形成的转轨成本等体制性因素，使中国居民消费长期疲软。投资和消费结构失衡的局面早已形成。在 2002—2008 年的 7 年里，中国固定资产投资增速过快，均保持在 20% 以上，而消费增幅均处于 9%—13% 之间，供给增长持续快于需求增长，加剧了产能过剩问题。2008 年金融危机爆发对中国外需造成严重冲击后，投资成为应对金融危机、拉动经济增长的唯一手段。而出口的下滑使民营企业成为主要受害者，同时民营企业投资还受到很多政策限制，因此，中国投资规模的扩张主要是政府投资规模的扩张。国家为应对金融危机而实施的四万亿经济刺激计划以及十大产业振兴计划，刺激了地方政府扩张投资规模，进行基础设施建设，进而加剧了中国产能过剩问题。工信部发布的 2010 年中国工业经济运行春季报告显示，中国原材料、船舶、纺织工业的产能过剩问题极其严重，钢铁行业产能过剩已达 1.7 亿吨，而且产能仍在盲目扩张。政府以投资为主的经济刺激计划也使得重工业投资加速，加快能源消耗增速，并对环境造成了严重的负面影响，对经济可持续发展构成严重威胁。

其次，政府消费与居民消费结构的失衡。在西方发达国家，居民消费需求一般占总需求的 60% 以上且比较稳定。而中国，2007 年以来消费率已降到 50% 以下，且消费率的下降主要是由于居民消费支出的不断下降，而政府消费支出则呈现出稳定的上升态势。在 1978—2011 年 34 年间有 22 年政府消费支出的增速高于居民消费支出的增速，且政府消费比居民消费增速年均高 1.4 个百分点。政府消费的上升往往对应着政府机构和人员的扩张，由此导致政府对经济管制的过分扩充，而居民消费的下降则不利于消费过剩的生产能力，使生产失去动力，最终不利于经济的可持续发展。

三　从民生福利角度来看中国内需不足

社会经济发展的最终目标是能够最大限度地提高国民的物质文化生活质量，使国民获得尽可能多的民生福利，这也是衡量一国需求结构是否合理的终极判断标准。需求结构的调整也应服务于最大限度地提高民生福利的总体目标。民生福利的增加与居民消费水平的提高息息相关，提高居民的消费能力和消费水平是增强居民幸福感、提升民生福利水平的主要途径。居民消费水平不足则难以获取更多的社会效用，从而制约生活质量的提高以及居民幸福感的提升，并进一步抑制民生福利水平的提高。居民可支配收入水平是决定居民消费水平的关键因素，居民可支配收入较高则居民的消费能力较强，消费需求也会随之提高，多消费商品则居民效用福利也会大幅提高，因而提高居民可支配收入水平是提升民生福利水平、增强居民幸福感的根本。

中国居民消费水平长期疲软。改革开放以来，居民消费占 GDP 的比重已由 1978 年的 48.79% 下降到 2010 年的 33.80%，2016 年的 39.33%。国内经济的高速增长以及政府投资规模的不断扩张未能提升居民的消费水平。经济发展模式过分强调经济增长，以经济建设为中心，而忽视居民消费福利的提升，尚未完善的社会保障制度、城乡制度、收入分配制度对居民消费的体制性抑制因素日益累积，最终导致居民消费水平过低并呈下降趋势，居民未能从经济高增长中获取更多的民生福利和幸福感。

居民收入水平较低是导致居民消费水平较低的直接原因。20 世纪 90年代以来，国民收入分配出现了过多向政府和企业倾斜的现象：政府、企业的可支配收入占国民可支配收入的比重持续上升；居民可支配收入占国民可支配收入的比重持续下降，特别是劳动报酬在初次分配中的比重偏低。城镇单位就业人员的工资水平的增速已由 1995 年的 21.8% 下降到2016 年的 7.2%，虽然政府通过提高个税起征点、结构性减税、各种惠农政策等政策手段来提高居民收入，但贫富差距仍在日益拉大，2007 年中国的基尼系数达到了 0.47，已超过 0.4 的国际预警线，高低阶层的收入差距日渐扩大，且低收入阶层已超过 70%[1]。城乡居民收入差距也逐渐扩大，2016 年城镇居民人均可支配收入与农村居民人均纯收入的比例为2.72:1。随着农业生产成本、教育、医疗、住房成本的提高，农民增收仍面临较大的困境。农村居民消费水平与城镇居民的消费水平的差距短期内仍会拉大。收入分配制度的不完善在很大程度上阻碍了居民幸福感的提高。

---

[1] 罗楚亮、李实、赵人伟：《我国居民的财产分布及其国际比较》，《经济学家》2009 年第9期。

第四节 中国扩大内需的必要性

美国次贷危机引发的全球金融危机逐渐蔓延和加深，国际市场萎靡衰退，对中国出口和国内经济造成严重冲击，这表明中国追求以高出口拉动经济增长的发展模式已难以为继，扩大国内需求已成为当前拉动中国经济增长的重要动力和转变经济发展模式的方向。从国内经济形势来看，投资消费比例的失衡、城乡居民消费水平差距的日益扩大等内需不足问题已严重制约经济持续快速发展，并抑制社会福利水平的提高。因此，扩大内需特别是扩大居民消费需求已成为弥补出口不振、促进经济可持续发展、提高民生福利水平的关键因素。

一 扩大内需是增强经济内生动力和抵御外部冲击能力的根本途径

受金融危机与美国经济复苏乏力的影响，全球经济持续低迷，中国面临的国际经济环境不容乐观。为刺激经济增长，各国普遍实施的量化宽松政策，一方面会给中国带来输入性通胀，抬高原材料价格进而抬高制造业成本，另一方面则会进一步导致人民币升值预期，使中国对外出口面临更大压力。在中国制造业已行销全球的今天，世界范围内的中国市场已趋近饱和，难以实现外部市场的持续快速增长。因此着眼于国内需求的增长，是中国增强抵御外部冲击能力，实现经济可持续增长的根本途径。从2008年经济危机的实质看，中国需求结构不合理是中国受到外部危机较严重冲击的根源，国内经济增长长期依赖于国际市场，内需尤其是居民消费长期疲软，使得国内市场对国际市场的波动尤为敏感且抵御能力较弱，这是在国际经济危机的冲击下，中国经济对外部冲击抵抗力和免疫力较低的根本原因。

中国目前出口产品中，相当多的是资源性产品，带来了两个方面的问题：一方面是消耗了国内有限的资源；另一方面在产品生产过程中产生了大量污染，对中国生态环境造成严重破坏，难以实现中国经济的可持续发展。同时大量出口引起的与相关进口国之间的贸易摩擦日益加剧，一些国家进行反倾销反补贴，高筑贸易壁垒以封杀中国产品。目前美国、欧盟、日本等国家与地区执政部门贸易保护主义趋向增强，明确表示将采取有力措施保持本区域市场贸易稳定，中国未来面临的外部贸易环境将有所恶化。从 2008 年金融危机对中国经济的冲击可以看出中国出口导向型增长模式并不有利于中国经济健康持续发展，扩大内需不仅是当前弥补外需不振，稳定经济增长的关键因素，而且是中国转变经济发展方式，增强经济抵御外部危机冲击能力，推动经济健康发展的立足点和关键。

二　扩大内需是促进经济可持续发展的关键因素

自改革开放以来，中国消费率下降增速加快，而投资率却呈现高速增长态势。自 20 世纪 90 年代后期亚洲金融危机爆发，中国开始实施积极的财政政策以来，由于积极财政政策的导向明显地倾向于投资，投资规模增长迅速，并成为 GDP 增长的主要拉动因素，且已内化成为经济增长的内生性因素。从长远来看，投资与消费的比例失当，会造成长期国内有效需求，特别是国内消费有效需求的不足，这不利于宏观经济的持续稳定增长。

中国居民消费需求还远未成为经济增长的主要动力，内需疲软现象比较严重。这主要归因于中国居民收入水平不高。尽管改革开放以来，中国经济快速发展，居民生活也得到一定改善，但居民收入的增长幅度与 GDP 的高水平增长还很不匹配。与此同时，中国的收入差距逐步拉大，2000 年，中国的基尼系数已超过 0.4 的国际警戒线，并逐年上升，2016 年更是突破 0.465，收入差距的不断扩大又进一步阻碍了居民消费需求的增长。另外，中国社会保障体系不健全导致居民储蓄率一直居高不下，居民新增收入难以转化为有效的消费需求，出现内需动力不足的状况。过去的十几年里，仅靠政府为主体的大规模投资来拉动经济增长的行为抑制了居民消费的合理增长，直接导致供给和消费的比例失衡。继续走投资拉动经济增长的老路，在政府财政负担加重的同时，又会继续挤压居民收入与企业收入的增长空间，使居民消费能力和民间投资能力下降。

国际金融危机对中国的影响主要体现在出口上，尤其是低端产品的出口，而出口这些产品的部门主要集中在民营企业，同时，一些行业对民间投资设置过高的进入门槛，民营企业根本无法企及，所以民间投资在国际金融危机的冲击下损失较重。统计显示，2017 年 1 月至 5 月，全国投资增长 9.6%，其中国企投资增长 23.3%，民间投资只增长 3.9%，民间资本有被弱化的倾向。而在以投资为主导的经济刺激方案中，政府各项投资计划主要依托国有企业进行，财政资金、投资项目大部分都投向国有企业，并没有为民营企业预留多少空间。民间投资不能启动，单靠政府投资和信贷增长等刺激性政策来推动经济增长，通胀压力加大。经过 2009 年应对金融危机大规模投资扩张后，政府投资继续增长的空间有限。而居民消费和民间投资仍有较大的提升空间。因此，扩大内需的重点是扩大居民消费需求和扩大民间投资，这是中国调整经济结构，转变经济发展方式的关键因素，也是中国经济可持续发展的根本性动力。

三　增强居民消费能力是提高民生福利水平的主要途径

消费是最大的民生，居民不敢消费，幸福感也就无从谈起。居民消费水平较低严重抑制了民生福利水平的提高，而提高民生福利水平，增强居民幸福感是社会经济发展的最终目标，也是社会稳定的根本，因此扩大内需尤其是居民消费水平有重要的社会意义。

中国长期以来追求经济高增长的发展模式在促进经济迅速增长的同时也造成贫富差距扩大、环境恶化等诸多社会经济问题，不仅降低了对外部经济危机的抵抗能力，也降低了居民的生活质量。政府逐渐意识到粗放式增长模式的种种弊端，并着手调整经济结构，加快转变经济发展方式，试图追求以人为本、高质量、可持续的经济增长方式。通过完善社会保障制度、收入分配制度来提升居民的幸福感和民生福利，这也成为政府的施政导向和衡量地方政府政绩的新标准。提高居民收入水平、加大低保覆盖面、增加保障性住房、提高医疗教育投入等也成为地方政府提升居民幸福感的主要途径。但通过制度和政策的完善来提升居民的幸福感只是一种辅助性和支持性的手段，居民获取民生福利的根本途径应是自主消费能力和消费水平的提高。通过消费来满足内在的物质文化需求，才能真正提升居民自身的福利水平和幸福感。

第 二 章

中国内需现状及其形成机制

中国内需不足的需求结构源自于中国特殊的经济增长模式以及体制环境，扩大内需的首要前提是理清制约中国内需有效增长的体制机制问题，明确内需不足产生的根本原因，找准内需启动不畅的关键政策节点，唯此才能从根本上破解中国内需不足的顽疾。2008 年国际金融危机过后，中国为应对外部冲击出台的四万亿投资计划，在稳定中国经济增长的同时，也透支了中国宏观经济调控的政策空间，以直接投资为主拉动内需的调控模式难以长期维持。这使得中国深刻认识到，过度依赖外部需求和政府投资的增长模式存在极大不可持续性，迫切需要探求扩大国内需求，尤其是扩大居民消费需求和企业投资需求的有效路径。因此探究扩大内需的内在规律，深入分析扩大内需的传导机制，探究制约内需不足的深层原因将变得尤为重要。本章将着重对中国内需形成过程中不利于内需增长的约束机制进行深入剖析，并探讨合理的中国内需形成机制。

第一节　现阶段中国内需的形成机理及其偏差

与有利于扩大内需的合理机制相比，中国经济长期以来存在高储蓄、高投资、高出口与高增长的特点，经济增长过程中消费需求的贡献度偏低，以至于产生中国特殊的消费增长与经济增长相脱节现象。在这种特殊的增长模式下，消费需求不足长期由出口以及政府投资需求来弥补，导致经济增长缺乏内生动力，从而面临极大的不确定性和不可持续性。

一　中国内需结构的现状

人口众多、国内市场巨大的基本国情决定了总需求应以内需为主，对经济增长的贡献也应以内需为主。如表 2 - 1 所示，从相对占比来看，改革开放以来，外需占 GDP 的比重基本上经历了一个先上升后下降的过程，在 2007 年达到峰值之后不断下降，这既是国际经济危机影响的结果，也是中国经济结构转型的必然趋势。从内需的两大构成部分来看，最终消费率在不断下降，从 1990 年的 62.49% 下降到 2014 年的 51.42%；与此同时，资本形成率则从 34.87% 上升到了 45.85%。鉴于资本形成率的不断上升，我们可以初步得出结论：扩大内需的重点应该主要在提高最终消费率上。

表 2-1　　　　　　　　中国三大需求及其占 GDP 比重　　　　　单位：亿元，%

年份	支出法 GDP	内需		外需	内需占比		外需占比
		最终消费支出	资本形成总额	货物和服务净出口	最终消费率	资本形成率	净出口占比
1990	19347.8	12090.5	6747	510.3	62.49	34.87	2.64
1991	22577.4	14091.9	7868	617.5	62.42	34.85	2.74
1992	27565.2	17203.3	10086.3	275.6	62.41	36.59	1.00
1993	36938.1	21899.9	15717.7	-679.5	59.29	42.55	-1.84
1994	50217.4	29242.2	20341.1	634.1	58.23	40.51	1.26
1995	63216.9	36748.2	25470.1	998.6	58.13	40.29	1.58
1996	74163.6	43919.5	28784.9	1459.2	59.22	38.81	1.97
1997	81658.5	48140.6	29968	3549.9	58.95	36.70	4.35
1998	86531.6	51588.2	31314.2	3629.2	59.62	36.19	4.19
1999	91125	55636.9	32951.5	2536.6	61.06	36.16	2.78
2000	98749	61516	34842.8	2390.2	62.30	35.28	2.42
2001	109027.99	66933.89	39769.4	2324.7	61.39	36.48	2.13
2002	120475.62	71816.52	45565	3094.1	59.61	37.82	2.57
2003	136634.81	77685.51	55963	2986.3	56.86	40.96	2.19
2004	160800.08	87552.58	69168.4	4079.1	54.45	43.02	2.54
2005	187437.4	99357.5	77856.82	10223.08	53.01	41.54	5.45
2006	222711.9	113103.8	92954.08	16654.05	50.78	41.74	7.48
2007	266556.7	132232.9	110943.25	23380.55	49.61	41.62	8.77
2008	315977.2	153422.5	138325.3	24229.37	48.55	43.78	7.67
2009	348771.3	169274.8	164463.2	15033.3	48.53	47.16	4.31

续表

年份	支出法 GDP	内需		外需	内需占比		外需占比
		最终消费支出	资本形成总额	货物和服务净出口	最终消费率	资本形成率	净出口占比
2010	402818.7	194115	193603.9	15099.8	48.19	48.06	3.75
2011	465998.7	224740.8	229102.4	12155.5	48.23	49.16	2.61
2012	534744.5	271718.58	248389.9	14636.03	50.81	46.45	2.74
2013	589737.2	301008.38	274176.71	14552.11	51.04	46.49	2.47
2014	640696.9	329450.76	293783.14	17462.9	51.42	45.85	2.73
2015	696594	359516	313070	24007	51.6	44.9	3.45

资料来源：历年《中国统计年鉴》。

判断内需各部分变化趋势的另一方法是看增长贡献率。如表2-2所示，按支出法计算净出口对增长的贡献，只有1990年超过一半，达到50.4%。本表列出来的年份内，只有1990年和2005年外需贡献在20%以上，有四年外需贡献为负数，其中2009年外需贡献率低至-38.9%。总体看，内需对GDP增长的贡献超过80%。自2008年金融危机以来，拉动GDP增长最显著的为投资，其次是消费，最后是净出口。从时间趋势看，消费需求对经济增长的贡献率总体呈现下降趋势，由2000年的65.1%下降到2003年的35.8%，并且直到2007年均在40%以下。而投资需求对经济增长的贡献率则呈现出较大的波动，除出现2003年63.2%和2009年91.3%两个高点外，其对经济增长的贡献率均在50%左右。从净出口方面看，其对经济增长的贡献波动最大，2005年以来，中国经济增长的外需贡献率显著提高，到2007年三年间外需增长贡献率年均在20%左右，这直接导致中国在2008年遭受国际金融危机冲击时，外需贡献急剧下降10%以下甚至出现2009年的负贡献，使得中国经济出现了较大程度的波动。因此综合来看，中国经济波动源自于外需的波动，因此扩大并稳定内部需求，降低经济增长对外需的依赖，是增强中国经济抵抗力的根本途径。

表 2 - 2　　　　　　三大需求对国内生产总值增长的贡献率①和拉动②　　　　　单位：%

年份	对 GDP 增长贡献率			生产法 GDP 不变价增长速度	内需拉动 GDP 增长		外需拉动 GDP 增长
	最终消费支出	资本形成总额	货物和服务净出口		最终消费支出	资本形成总额	货物和服务净出口
1978	39.4	66	- 5.4	11.7	4.6	7.7	- 0.6
1980	71.8	26.4	1.8	7.8	5.6	2.1	0.1
1985	85.5	80.9	- 66.4	13.5	11.5	10.9	- 8.9
1990	47.8	1.8	50.4	3.8	1.8	0.1	1.9
1995	44.7	55	0.3	10.9	4.9	6	
2000	65.1	22.4	12.5	8.4	5.5	1.9	1
2001	50.2	49.9	- 0.1	8.3	4.2	4.1	
2002	43.9	48.5	7.6	9.1	4	4.4	0.7
2003	35.8	63.2	1	10	3.6	6.3	0.1
2004	39.5	54.5	6	10.1	4	5.5	0.6
2005	37.9	39	23.1	11.3	4.3	4.4	2.6
2006	40	43.9	16.1	12.7	5.1	5.6	2
2007	39.2	42.7	18.1	14.2	5.6	6.1	2.5
2008	43.5	47.5	9	9.6	4.2	4.6	0.8
2009	47.6	91.3	- 38.9	9.2	4.4	8.4	- 3.6
2010	43.1	52.9	4.0	10.3	4.5	5.5	0.4
2011	56.5	47.7	- 4.2	9.3	5.3	4.4	- 0.4
2012	55.1	47.0	- 2.1	7.7	4.2	3.6	- 0.1
2013	50.0	54.4	- 4.4	7.7	3.9	4.2	- 0.3
2014	48.8	46.9	4.3		3.6	3.4	0.3
2015	59.9	42.6	- 2.5		4.1	2.9	- 0.1

资料来源：《中国统计年鉴（2016）》。

二　现阶段中国内需结构的形成机理

中国当前三大需求结构现状的形成有着其内在的形成机理，过高的政府投资需求与对外部需求依赖的不断提高有着深刻的制度背景，而长期不

---

①　贡献率指三大需求增量与支出法国内生产总值增量之比。

②　拉动指国内生产总值增长速度与三大需求贡献率的乘积。

足的消费需求也与中国特殊的发展模式和体制环境相关。本质上看,中国当前内需结构的形成是中国面临诸多体制环境与约束的必然结果,也是中国经济长期保持快速增长赖以依靠的特殊体制机制的难以避免的副产品。因此三大需求的生成与形成机制均有着深刻的制度背景,需要分别对其进行探讨来明晰中国需求结构现状的深层体制根源,以指导下一阶段需求管理的政策实践。

1. 投资需求的形成机理

从投资层面看,高储蓄、高投资是中国经济发展的最主要特征,其中投资的主要方向集中在基础设施、公路、铁路等重大项目上,主要由政府主导完成。政府投资快速增长的体制根源来自于中国式分权,即一种经济分权与行政集权相结合的特殊分权模式,其特点是中央通过掌控地方政府官员的升迁以及任免权,对地方政府的行为有很强的控制力;同时地方政府拥有较强的经济自主能力,可以根据其自身的利益考虑进行经济资源的配置和安排。自改革开放以来,中国发展的重心就是加快经济增长并迅速增强国家实力,与之相伴随的中央对地方政府的垂直控制,即政绩的考核标准长期偏向于地方经济的发展。在这种情况下,地方政府既掌握了较大程度的经济权力,同时又受到了来自中央政府的以经济增长为核心的政绩考核和晋升激励,必然会利用手中的经济权力大力发展经济,展开以经济增长为核心的竞争,形成了以经济增长为目标晋升激励与财政分权共同造成了地方政府"重投资、轻服务"的支出结构。更值得关注的是,这种"重投资、轻服务"的增长方式具有自我强化功能。由于公共服务保障不足而导致的居民消费不足,使得保持经济增长必须依靠更大规模的投资,进一步强化了政府的投资意愿,同时也固化了投资消费需求结构的失衡。

1998年以来,中国以高投资拉动经济增长的发展模式取得了令世人瞩目的成效。但过度依赖投资的增长模式却带来诸多问题。随着投资规模的不断增长,投资对经济增长的边际效益逐渐减弱,以大规模基础设施投资启动市场的效果开始递减,甚至在不少基础设施领域出现了过剩现象。由于国内消费无法消化高投资所形成的生产能力,过剩的生产能力必然要寻求外部需求来平衡,国际收支顺差大幅度增加也就不可避免。投资的另一面是储蓄,中国的国民储蓄率超过50%,在其他大国的经济发展历史上还未曾出现过。与储蓄率不断攀高相对应,中国的消费占GDP比重已经从20世纪90年代的60%以上,下降到2008年的48.6%,其中居民消费占

GDP 的比重更是下降到 35.3%。而从储蓄结构来看，中国近十年来的总储蓄率（总储蓄占 GDP 的比率）将近 50%，其中家庭储蓄约占 1/3，企业储蓄约占 2/3，其余部分是政府储蓄。这也表明，中国储蓄率之所以高，源自于企业储蓄率过高而非家庭，表现为企业利润随经济高速增长而大幅上升后，并未分红给股东成为消费基金，而是留存在企业再转化为企业投资。这些机制的叠加造成了中国投资需求的长期快速增长，形成了中国投资需求的内在形成机制。

2. 外部需求的形成机理

从出口层面看，中国自从加入 WTO 以后，外部需求成为中国经济持续增长的主要动力。统计显示，2001 年中国货物贸易进出口规模为 5098 亿美元，2010 年达到近 3 万亿美元，其中出口规模增长近 5 倍，进口规模增长 4.7 倍，成为全球第一大出口国。中国从入世之初的世界第九大经济体快速成长为第二大经济体、世界第一大出口国和世界第二大贸易国。GDP 从 2001 年的 11 万亿元人民币增至 2010 年的近 40 万亿元人民币，年均增长超过 10%。而世行数据显示，2010 年中国经济增长率超过 10%，对世界经济增长的贡献率达到 25%，连续两年成为全球经济增长第一引擎。强劲的对外贸易与出口，保证了中国经济的持续增长，促进了中国综合国力迅速提高，并成为中国出口产业国际竞争力和国际地位提高的主要标志之一。

外部需求快速增长的体制，来源于中国良好的基础设施以及充裕的劳动力比较优势。相对于欧美发达国家而言，中国具有充裕的且素质良好的廉价劳动力，形成了低端加工制造的比较优势；相对于其他发展中国家而言，中国具有可以媲美发达国家的良好基础设施，为出口导向的加工制造业创造了良好的发展环境。因此相比较世界各国而言，中国均形成了低端加工制造领域的比较优势，使得"中国制造"行销全球，在这种背景下中国外贸规模持续快速增长也就不足为奇。然而，国民经济增长对外需较大程度的依赖，掩盖了中国内需长期不足的现实。过度依赖外需的经济增长模式，不仅加剧了经济和产业不平衡的发展，更使得企业重视低端加工制造出口，而忽视国内需求，冲淡了企业进行技术进步、调动内需、引导内需发展的积极性。2008 年全球金融危机之后，中国原来以出口导向为突出特征的经济增长模式遇到了突出的挑战。无论是全球经济平衡的压力，还是内生的经济结构转型的压力，都迫切需要中国转向以内部需求，尤其是消费需求为基本增长动力的新模式。正是因为如此，扩大内需，尤其是扩大居民消费需求，当前已经成为中国社会各界的共识，也成为政府确定的基本经济战略。

3. 消费需求的形成机理

从消费层面看，根据国际货币基金组织统计显示，发达国家最终消费支出占 GDP 的比例平均在 80% 左右，发展中国家平均约 70%。而中国改革开放后，由于经济增长快，投资率较高，消费率出现稳步下降的趋势，一般在 55%—65% 区间波动。2008 年底，中国最终消费占 GDP 的比重为48.6%，其中居民消费只有 35.2%，2008 年中国的消费率比世界平均水平约低 30 个百分点，固定资本形成率比世界平均水平高十几个百分点，投资与消费的矛盾较为突出。具体到消费领域，也出现了"反常"现象，在宏观层面表现为国民收入中劳动报酬占比持续下降，消费率偏低；微观层面表现为居民的消费倾向大幅度降低，尤其是 20 世纪 90 年代之后，居民的消费倾向呈明显的下降趋势，消费动力不足已成为制约中国经济发展的主要因素。

经济学理论表明，居民消费需求取决于消费能力和消费意愿及有效供给。消费能力受限于居民可支配收入，消费意愿则受到消费环境、消费习惯、公共服务水平等因素影响。因此消费需求的形成机理是通过居民可支配收入的增长以提高其消费能力，通过改善消费环境、改良消费习惯、提高公共服务水平以提高其消费意愿。在此基础增加有效供给，从而实现消费需求的扩大。然而由于中国劳动力相对充裕，资本要素相对稀缺，使得劳动力报酬占国民收入比重逐年降低，居民收入增长缓慢，因此抑制了居民消费能力的提升。而中国不健全的社会保障体系，对居民的保障范围较小、保障力度不强，使得居民预防性储蓄行为增强，导致居民不敢消费，降低了居民消费意愿。同时中国消费市场体制建设滞后，假冒伪劣商品频出、食品安全状况令人担忧、产品创新性不足，也均使得居民消费意愿受到较大影响。因此居民"没钱可花"、"有钱不敢花"和"有钱不好花"并存，支付能力不足与消费意愿不足并存，有效需求不足与有效供给不足并存，成为制约中国内需驱动型增长和经济长期平衡发展的重要原因。

三　现阶段中国内需结构的偏差与隐患

作为一个大国，中国内需的扩大需要形成三个机制：一是政府投资带动民间投资的内需传导机制，政府投资应当转变角色，从简单地调集资源自己投资，转变为发挥财政杠杆作用，降低社会融资成本，撬动企业、集体和个人等多方投资的积极性，带动民间投资的扩大；二是投资需求带动消费需求的投资机制，通过投资对经济增长的直接拉动，在做大经济蛋糕的同时着力提高居民收入和构建良好的社会保障体系，以启动消费市场；三是城市消费带动农村消费的传导机制。由于长期的二元经济结构，城乡收入差别比较大，城乡居民出现巨大的消费断层，因而启动消费，以使城市居民消费与农村居民消费对接。但从中国现实的需求结构看，中国内需形成机制中存在诸多不利于三种机制形成的因素，制约了中国内需的合理增长。但从现实情况看，中国内需结构存在显著偏差。

从政府投资与民间投资方面看，中国公共投资规模明显偏高，仅2010年国家预算内资金投资就达14677亿元，比2009年增长15.7%。此外，多数政府投资均通过银行贷款方式进行，与政府相关的贷款投资更是规模巨大。在政府投资规模不断快速增长的同时，民间投资渠道却日益萎缩，电信、能源、交通、金融等多个重要领域仍由国有企业垄断，没有对民营资本开放，民间投资受到诸多限制，使得政府投资对民间投资造成了实质性的挤出效应。2008年以来，随着政府投资规模的不断加剧，关于"国进民退"的争论也日益激烈，政府对经济干预的日渐加深，本质上并不利于民间资本的活跃，也不利于政府投资对民间投资的拉动，因此政府投资与民间投资之间的传导机制障碍值得关注。

从投资需求与消费需求方面看，消费需求明显不足，居民消费率不仅低于世界平均水平，而且近年来下降速度过快。2010年，中国消费率为47.4%，而同期世界中等以上发达国家的居民消费率大多在60%以上，欧美发达国家达到或超过80%，消费已经成为名副其实的支持其经济发展的中坚力量。虽然中国居民消费率变化符合中低收入国家下降阶段的规律，但下降速度过快、幅度过大。2001年到2010年间，中国居民消费率从45.3%下降到33.8%，降低了11.5个百分点。显然没能如凯恩斯主义者所言，中国大规模的投资活动并没有通过提高居民收入传导至居民消费，而形成了投资需求的内部循环，使得投资向消费环境的传导发生了阻滞，阻碍了消费需求的上升，进而加剧了投资消费需求结构的失衡。

从城乡消费结构方面看，中国城乡消费结构也存在明显偏差。改革开放三十余年来，中国城乡居民消费结构发生了根本性的转变。1980年城乡居民消费结构为城镇居民消费规模占 37.9%，农村居民占 62.1%，到 2010 年两者的比重为 76.8% 和 23.2%。除去城镇人口增长因素外，当期城乡人口基本持平的条件下，城乡居民消费规模 3：1 的差距仍是相当巨大。因此如何提高农村居民的消费需求是一项历史性的艰巨课题。

而当前需求结构的偏差也将带来诸多隐患。首先，依靠投资和出口来拉动经济发展，不利于积极应对国内外宏观经济运行中的各种不确定因素。投资创造的产能终将需要由消费需求来消化，外部需求增长态势趋于放缓的趋势也不可避免，因此没有足够的国内消费需求做支撑，中国经济不可能有效应对来自外部的经济冲击，也无法实现经济的长期平稳发展。以 2008 年美国次贷危机引发的经济危机为例。危机造成中国外部需求急剧下降，中国依靠出口的经济增长模式的弊端暴露无遗，由此引发一系列的经济问题，如失业率提高，通货膨胀加剧，国内市场内需不足等，给中国经济带来前所未有的压力和困难。但国内消费需求和民间投资需求不足，无法在短期内弥补外需的减少，经济出现较大幅度的波动，政府只能再次扩大投资以稳定经济，而这又进一步强化了传统经济增长模式的弊端。此外以投资和出口为驱动力的增长模式也不能惠及广大人民群众，贫富差距日益扩大，制约了居民消费能力的增长，从而再次强化了消费不足的状况，使得中国经济增长陷入了"消费不足——加大投资——消费不足"的恶性循环。由此可见，如何提高居民消费以及扩大民间投资对保持中国经济长期稳健增长具有重要意义。

第二节　现阶段中国内需结构存在偏差的原因分析

中国内需不足有着深刻的体制背景，需要从一个体制层面来对其形成机制加以剖析。长期以来，中国经济增长赖以维系的各种体制安排，在相当程度上也成为抑制中国内需持续稳定增长的体制障碍。聚焦到财税体制看，财政收支层面出现的偏差与失衡，是导致中国内需不足的关键制度因素。从财政收入层面看，中国分配体制中存在较为明显的收入分配政府偏向与资本偏向，劳动报酬占比持续下降，导致居民收入增长相对缓慢，从而使得居民消费无法快速扩张。从财政支出层面看，中国财政支出结构长期存在重投资、轻服务的结构偏向，使得公共投资建设支出结构偏大，而公共服务支出相对不足，造成了社会保障体系不健全从而居民不敢消费。同时依靠公共投资拉动经济增长的粗放型增长模式，消费需求和企业投资需求增长缓慢，内生经济增长动力不足。此外，财政支出还存在城市化偏向，加剧了城乡居民的收入差距，同时抑制了农村居民的消费需求。（见图2-1）具体来讲，中国现阶段内需不足形成机制的原因可体现在以下几个方面：

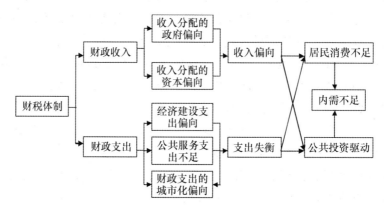

图2-1　现阶段内需不足形成机制的财税体制根源

一　收入分配的政府及资本偏向

中国收入分配问题的核心在于初次分配和再分配两个领域都出现了明显的偏差，收入分配体制出现了政府及资本的偏向，而劳动报酬则处于弱势地位。中国的居民收入差距逐渐扩大，与国民收入初次分配中劳动份额下降，再分配环节财政收支未能有效缓解密切相关。居民收入差距过大，既不利于经济的持续增长，也可能带来一系列的经济社会问题，不利于社会稳定和和谐社会的构建。由于国民收入分配中的劳动收入份额对于居民收入分配影响很大，在资本相对稀缺和劳动力供给充裕，物质资本的集中度远高于人力资本的集中度的环境下，在社会财富的分配中较多的部分以利润的形式流向了企业，以税收的形式流向了政府，形成了收入分配的政府及资本偏向。居民收入增长速度落后于GDP增长速度，并且落后程度呈上升趋势，再加上社保体制还不完善，居民消费有后顾之忧，所以居民预防性储蓄增加，使得储蓄率上升。同时在发展经济的激励机制下，大项目投资和大中型企业发展更易受到重视，而对劳动密集型的小企业发展缺乏重视，这使要素配置发生倾斜，企业规模和产业的资本密集度不断上升，就业机会减少，收入差距扩大，加速了消费率的下降。再加上政府的公共资金和资源管理体系存在漏洞，制度规范不健全，透明度低，特别是对预算外资金的征收和使用缺乏监督，导致了公共资金使用不当、流失和贪污腐败现象，严重恶化了收入分配格局，从而导致消费需求乃至有效需求不足。

这表明在现行税收体制下，经济增长带来的成果更多被政府和企业获得，私人部门份额会趋于降低，劳动者报酬越来越少，家庭消费需求作为内需的最重要部分由于收入不足而受到了抑制，扩大内需启动消费也成为"无根之水"。从具体的分配环节来看，1992 年到 2012 年，可支配总收入中，居民部门占比下降了约 6 个百分点，基本上从 1997 年开始，居民收入占比一直在下降，政府部门占比基本持平，企业部门则上升了近 7 个百分点。在 2000 年之前，经过再分配环节，居民部门的可支配收入占比平均上升 3 个百分点，政府部门平均上升 2 个百分点，企业部门则平均下降 4 个百分点。在 2000 年之后，经过再分配环节，居民部门可支配收入占比平均下降 0.2 个百分点，政府部门则上升 4 至 5 个百分点，企业部门则下降 4 至 5 个百分点。这说明中国国民收入经过再分配环节，确实有向政府部门集中的趋势，也说明中国政府没有充分发挥利用再分配机制去改善全社会收入分配结构的作用（见表 2 - 3）。

表 2 - 3　　　　　　　分部门收入占国民收入比重（%）

年份	居民部门占比		政府部门占比		企业部门占比	
	初次分配总收入	可支配总收入	初次分配总收入	可支配总收入	初次分配总收入	可支配总收入
1992	66.06	68.34	16.57	19.96	17.37	11.70
1993	62.61	64.62	17.29	19.65	20.10	15.73
1994	65.15	66.96	17.08	18.51	17.77	14.53
1995	65.25	67.23	15.22	16.55	19.53	16.22
1996	65.49	68.44	17.11	17.88	17.40	13.69
1997	66.02	68.60	17.08	18.30	16.90	13.10

续表

年份	居民部门占比		政府部门占比		企业部门占比	
	初次分配总收入	可支配总收入	初次分配总收入	可支配总收入	初次分配总收入	可支配总收入
1998	66.07	68.41	17.74	18.13	16.19	13.45
1999	65.05	67.20	17.15	18.10	17.81	14.70
2000	63.39	64.20	17.65	19.20	18.96	16.60
2001	61.31	62.00	18.50	20.50	20.19	17.50
2002	60.54	61.00	19.14	21.00	20.32	18.00
2003	59.70	59.80	19.37	22.00	20.93	18.20
2004	59.60	59.77	16.93	19.33	23.48	20.90
2005	59.37	59.20	17.44	20.04	23.19	20.76
2006	58.95	58.70	17.90	21.44	23.15	19.86
2007	58.13	57.84	18.30	21.94	23.57	20.22
2008	57.23	57.11	17.52	21.28	25.26	21.60
2009	60.69	60.53	14.58	18.28	24.73	21.19
2010	60.50	60.40	14.99	18.41	24.49	21.18
2011	60.67	60.78	15.38	19.19	23.94	20.03
2012	61.65	61.99	15.62	19.54	22.72	18.46
2013	60.66	61.23	15.22	18.93	24.12	19.75
2014	60.09	60.66	15.24	18.85	24.67	20.50

资料来源：《中国统计年鉴》资金流量表，企业部门为金融企业部门和非金融企业部门的加总。

二　财政支出的结构失衡

近年来中国财政支出规模不断加大，但财政政策对消费需求的影响小于对投资需求的影响，出现了投资增长过快而消费增长过缓的现象，这与财政支出结构存在偏差密切相关。如经济建设支出占比仍然较大，虽然近十年来，中国经济建设费占总支出的相对规模不断降低，在一定程度上反映了中国财政支出的结构确实在进行积极地调整，财政资源直接用于生产性领域的投资比例在下降，政府性投资支出的下降，意味着整个社会投融资体制的变化，政府作为直接投资和融资主体的地位下降，私人部门的地位上升。但财政支出中经济建设费用占比仍然偏高,说明中国在经济发展过程中,政府投资还在起着主导作用,由于财政支出大量用于基础设施建设,经济建设带动投资规模增长,导致投资规模膨胀和投资消费关系扭曲。这种不协调的经济增长,使国内存在巨大的投资却没有相应的消费,企业只能通过扩大出口来缓解这种供需不均衡,导致中国出口顺差和外汇剧增,也是人民币面临升值压力的原因之一。

与经济建设支出在财政支出中比重过大相比,民生支出则显不足。2010 年全国财政支出 89575 亿元,比上年增加 13275 亿元,增长 17.4%。但从财政支出结构方面看,民生性支出的份额仍相对较少。以教育支出为例,2009 年全国财政性教育经费占 GDP 的比重为 3.04%,2010 年为 3.13%,均低于 4%。此外,中国存在大规模的农民工群体,其社会保障状况令人担忧。辖区政府普遍对农民工提供与户籍人口同等待遇的社会保障,但农民工群体难以市民化,虽然已成为城市常住居民,但消费能力与消费行为仍与农村居民无异,使得城镇居民的消费需求上涨受到限制。

这种财政支出结构的偏向,导致了公共投资需求的上升以及居民消费需求的不足,是引致中国当前投资消费结构失衡的重要体制原因。由于中国目前所处经济社会转型的特殊阶段,实现工业化和城镇化的关键时期,政府承担的经济建设任务较重,大量社会基础设施建设需要在这一阶段完成,再加上科学、教育、文化、卫生事业历史欠账较多,从而造成了中国当前财政支出结构失衡。这是中国特殊的发展阶段和体制环境所决定的,也正因此,中国财政支出结构调整必将是一个漫长的过程,需要较长时期的财税政策调整才能实现支出结构的优化。

三 过渡性社会保障体制下的民生保障缺失

财政支出结构失衡以及中国经济转轨条件下的过渡性社会保障体制,使得民生保障在部分领域、部分人群出现缺失与不足,进而导致居民消费需求被极大抑制。在传统计划经济体制下,政府与居民(城镇居民)保有传统计划体制下的社会保障契约,政府为居民医疗、教育、养老等提供了较低水平但较为全面的保障。但随着经济体制转轨,传统社会保障契约被打破,而市场经济体制下的社会保障网络未能及时有效建立,使得中国社会保障体系长期处于过渡性状态,造成社会保障体制的缺失与效率低下。其结果是,没有一个规范的社保体制约束财政支出结构,使得财政支出在民生领域的投入具有极大的随意性，这是造成财政支出民生投入份额不足的根本性原因。在经济转轨和社会转型时期，社会保障制度对社会预期具有极大的影响，社保体制的不完善对居民消费有显著的抑制作用。

在独特的二元体制下，中国实施了城乡差别化的社会保障制度。中国城乡收入、消费差距的扩大在很大程度上与农村社会保障制度建设的滞后有紧密联系。当前，以养老保险、医疗保险、失业保险和最低生活保障制度为基本框架的城镇社会保障体系已经建立和逐步得到完善。而到目前为止，农村社会保障制度依然处在逐步完善之中，新型农村养老、医疗保障体系的覆盖范围和保障力度均有待扩大和加强。社会保障力度不足的重要原因是民生性财政支出规模有待加强，中国目前社会保障支出在财政支出中的比例与西方发达国家相比还有很大差距，社会保障支出力度明显不够。当前中国各类财政支出中，用于地方建设、行政管理等费用较多，这在一定程度上挤占了用于社会保障的补贴资金，导致财政资金对社会保障的补贴水平较低。社会保障体系建设中制度的不完善和发展的不平衡，尤其是在城市与乡村之间的不平衡，从诸多方面制约着中国的经济与社会的协调发展。当前主要由贫困人口和就业困难群体以及农民工等构成的弱势群体，基本上仍游离于政府主导的社会保障体系之外，而且往往处于仅维持基本生存的消费水平。过渡性社会保障制度既强化了居民对收入的低预期，又增强了居民的风险预期，人们不得不调整消费与储蓄比例，尽可能推迟消费而增加储蓄。

四　城乡二元结构的财政支出城市化偏向

目前，中国实行的仍是城乡割裂的二元分配机制，还没有从总体上统筹考虑城乡居民收入分配机制的调整和改进问题。而城镇居民享用社会保障、保障性住房以及其他公共服务、各类补贴，其与农村居民的差异的扩大，是城乡二元分配机制进一步强化的突出表现，也使得财政支出长期以城市为重点，造成了财政支出结构上的城市化偏向。而农村作为中国最庞大的消费人群，其收入差距的日益扩大使得农村人口消费需求被严重抑制，内需消费依靠城镇消费而独木难支。这种结构性的矛盾是长期的历史原因形成的，它已经成为影响和制约中国国民经济及现代化发展的障碍。城乡二元体制不仅造成了资金、市场、技术、劳动力等壁垒，阻碍了生产要素在城乡之间的交流，无法实现生产要素和城乡人力的顺畅流动，更影响到整个国民经济的协调发展。在此种条件下，不仅农业产业化的进程因此而遇到阻力，而且农产品市场难以扩张，农业生产难以持续增长，农民收入的增加受到严重影响。因此城乡居民收入水平与消费水平的差距不断拉大，农村消费品市场与城市消费品的等级也在不断拉大。这导致了城镇市场已趋于饱和的高档耐用消费品受农民收入下降的影响，无法向缺乏有效需求的农村市场转移，使农村的相当一部分潜在需求无法转为现实需求。农村需求结构得不到提升，必然影响与需求有关的供给结构，从而影响与供给有关的产业结构的发展，进而也影响了工业和城市的发展。

第三节　优化中国内需形成机制的战略构想

扩大内需是中国经济发展的长期战略方针，是中国经济发展的基本立足点。2008 年以来的经济危机使中国政府更加意识到扩大内需才是"经济之本"、经济的"稳压器"。中国经济要想走出有效需求不足的困境，就必须立足于扩大国内需求，充分挖掘中国巨大的内需潜力，加快形成消费、投资、出口协调拉动经济增长的新局面，这样才能在经济外部冲击的环境中站稳脚跟，使中国经济平稳"着陆"。但是从多年扩大内需的效果来看，国内投资需求不断提高，甚至出现投资过热，产能过剩的负面影响，而居民消费需求的增长却比较缓慢，如何扩大居民消费需求成为拉动内需的重中之重。

"十二五"期间，中国政府继续立足于扩大内需，尤其是扩大居民消费需求，启动消费市场。对此，国内外形成了一致看法。有的学者声称，"当中国经济占世界经济的份额更大时，就不可能继续以过去那么快的速度来发展出口。长远而言，要保持经济增长，就要更多地依赖消费需求，那样中国经济会发展得更好。"

十七大报告中指出，中国在相当长一段时期内要坚持扩大国内需求的方针。"消费"在中国现实经济生活中占据重要地位，没有终端消费，就没有经济社会的持续发展。前一时期，中国的"投资、出口和消费"格局已经不适应新的形势发展需要，中国居民消费需求不足已经成为严重影响中国经济健康发展的瓶颈，各级政府要采取积极措施扩大居民消费需求，构建"消费、投资、出口"协调拉动经济增长的格局。应将工作重点放到"让百姓有钱花、敢花钱"上。因此在经济体制转轨时期，扩大内需成为必然选择，也标志着中国经济建设进入新的历程。

　　中国经济的快速发展，工业化进程加速引发的制造品价格下降，以及几轮全球性的经济放缓，给中国经济带来剧烈的外部需求冲击。为了实现经济平稳增长，应通过以下两种途径降低中国对外部需求的过度依赖：一是调整政府投资模式，通过发挥政府投资的引导作用来降低对外部需求的过度依赖；二是实施有利于扩大内需的政策，通过提高居民消费和企业投资，来降低对外部需求的过度依赖。这是保持中国经济可持续发展可以利用的两种可能模式。但从现实来看，在金融危机之后，由于资本市场的约束逐步加大，政府投资模式存在局限，中国政府已经开始通过第二种方式，即通过扩大内需进行经济结构的优化，这是目前阶段中国政府转变经济发展方式的良好契机和现实选择。

　　经济理论表明，资产回报率和实际工资的提高以及折旧成本的降低将有助于提高企业投资和居民消费，政府通过大力压缩给予大公司的低效银行贷款，缩减资产负债规模，提高资产回报率，能够带动经济结构调整，并促进消费需求和有效投资需求的上升。基于此，在增加居民收入、扩大消费方面应采取一系列措施，包括增加低收入群体的收入、扩大就业、提高农产品价格以增加农民收入、做好社会保障的各项工作，解除群众消费的后顾之忧，以及调整国民收入分配格局，提高低收入居民的收入比重，同时完善消费制度和政策，改善居民消费预期，引导和促进居民扩大消费需求，使人民生活水平稳步提高。

第 三 章

扩大内需的政策目标与工具

扩大内需是一个总体性的政策方向，在具体实践中有几个关键问题需要澄清。一是扩大内需的政策目标是什么？由于内需是一个多层次的复杂概念，应当明确扩大内需的具体对象与政策指向。二是在扩大内需政策实践中，政策的着力点是什么？制约中国内需扩大的因素有许多，导致内需结构出现偏差的因素也十分复杂，因此明确将政策集中打在哪一个点上尤为重要，否则将会事倍功半。三是在扩大内需过程中，可以采用的政策工具有哪些？内需的扩大是一个复杂的系统，多种政策均可能影响到内需的规模和结构，因此政府政策工具箱中到底有哪些政策工具，各种政策工具的特点和功能是什么，是在扩大内需政策实施前需首先明确的。本章将从这三个问题出发，详细阐述扩大内需的政策目标和政策着力点及相应的政策工具选择。

第一节　扩大内需的政策目标

扩大内需政策自 20 世纪 90 年代开始就不断被强调。严格意义上讲，扩大内需是指要扩大国内的总需求。但问题恰恰在于，现阶段在许多领域的国内需求并不低，甚至在公共投资领域还存在需求过剩。笼统的"扩大内需"的提法缺乏明确目标，容易模糊经济工作的核心，应重新予以准确定位。

一　扩大内需政策应以扩大消费需求为长期目标

在消费需求方面，近年来，国内消费需求虽然一直呈现出高速增长的态势，对国民经济长期增长的贡献也在不断增加，但相对于投资贡献率而言，消费一直处于第二的地位，并由此形成了中国投资驱动型的经济发展模式。从三十多年的改革开放历程来看，为了促进国民经济的快速发展，资本形成率（投资率）对经济增长的贡献越来越大，而最终消费率的贡献却越来越小，国民经济对投资的依赖性越来越大。与国外发达国家的消费贡献率相比，中国的消费贡献率和消费水平都明显偏低，特别是近十年来消费贡献率基本上呈现单边下降的态势，最终消费对 GDP 增长的贡献率从 2001 年的 61.4% 逐渐下降为 2011 年的 51.6%。因此中国内需不足的根源在于需求的结构性失衡，大力鼓励和引导居民消费应成为扩大内需的长期目标。

二　扩大内需政策首先应优化政府投资支出

政府投资对中国近年来保持经济稳定增长起到了至关重要的作用。一方面，政府投资本身构成了社会总需求的一部分；另一方面，在市场预期不好或经济出现衰退的情况下，政府作为投资主体，进行投资能起到良好的示范作用，提高市场信心，引导私人投资流向，刺激经济增长。然而当前政府投资在中国投资总量中的比重较高，并且政府投资的整个过程都是在政府相关职能部门的主导下来完成的。因此，如何避免在公共项目投融资和工程招投标过程中的权力寻租成为一个关键性问题。必须合理界定政府投资职能，加强对政府投资的管理和监督，建立政府投资的责任追究制度，对政府投资进行严密控制。

三　鼓励民间投资是能否实现扩大内需的关键

长期以来扩大内需政策的实施，使中国逐渐形成以政府投资为主导的经济发展模式，民间投资受到了较大的排挤和压抑。当前虽然投资对中国经济增长的贡献较大，但民间投资的贡献率依然偏低。民间投资乏力，直接影响到政府宏观调控的有效性，如何鼓励民间投资成为能否实现经济自主增长的关键所在。扩大内需不仅要提高投资率，而且应引导投资流向最符合社会需要的领域。现阶段，在中国部分领域依然存在垄断现象，市场被分割，壁垒始终无法打破。在投资需求上，国有企业对民营企业的"挤出效应"仍然十分明显。在市场经济体制建设过程中，急需进一步深化国有企业管理体制改革，约束国有企业的经营范围和领域，给民营经济更多的发展空间，进一步激发民营经济的活力。

四　扩大内需政策应以提高农村居民消费水平为重点

由于历史和现实所致，中国工业化进程中，存在着严重的二元经济结构的矛盾。在强烈的二元结构背景下，城乡居民收入差距不断扩大。农村居民收入增长缓慢，其生活消费也主要以满足基本生存需要为主，城乡居民之间消费差距日益扩大。农村消费品市场与城镇消费品市场之间层级的不断拉大，使得在城镇市场上已经趋于饱和的高档消费品，无法实现向农村市场的有效转移，农村巨大的潜在市场不能吸纳在城镇市场上已经趋于饱和的产品。在中国占人口多数的农村居民消费能否提高决定了内需是否能够真正扩大，激活农村消费市场无疑将显著提高国内消费水平，促进经济增长向内生增长、内外需双轮驱动的轨道转变。从现实情况来看，中国农村地区的储蓄率相对较高，消费水平较低，消费结构单一。因此，农村居民消费需求还有很大提升空间，扩大内需政策应以提高农村居民消费水平为重点，逐步将农村巨大的消费潜力转变为现实的内需动力。

同时，扩大内需的政策目标还应包括增加就业和控制通货膨胀。一方面，经济增长的重要程度，在很大程度上取决于就业的严峻程度，扩大内需的各项政策措施必须以增加就业为主要目标。另一方面，目前中国依然存在着较大的通胀压力，维护人民币汇率稳定，保持经济的低通胀稳增长，必须作为扩大内需应该兼顾的重要政策目标。

确定扩大内需的政策目标，实际上就是要求政策的科学化、效益化、协调化，避免政策实施过程中可能发生的盲目投资、重复建设、顾此失彼的失误和错误。在当前中央政府和地方政府都以积极的姿态实施扩大内需的经济政策时，强调政策的目标与原则更具特殊意义。

第二节　扩大内需的政策着力点

面对国内需求的不断变化，政府作为经济的宏观调控者，在扩大内需、启动市场政策目标的实现过程中应该做到政策着力准确，政策措施得当，政策力度到位。要看到，当前的国内市场问题不仅只是需求问题，供给方面也存在问题。因此，政策着力点应该放在两个方面：一是刺激有效需求，释放潜在的购买力；二是调整供给结构，增加有效供给，使供给与需求相对接。

一　深化收入分配体制改革，提高有效消费需求

收入结构决定了收入在政府、企业、居民之间的分配格局，当前国内大多数居民的收入水平偏低，不能同时兼顾即期消费和远期消费，为确保长期消费水平的稳定，人们只好抑制即期消费需求。此外，不同收入者之间的边际消费倾向存在较大差异，由于收入分配结构的不合理，国内居民之间的收入差距日益拉大，具有较高边际消费倾向的低收入者的消费需求长期无法得到满足。长期以来不合理的收入分配结构成为导致中国有效消费需求不足的根源，因此应将进一步完善收入分配结构作为扩大内需的主要政策着力点。

一是不断提高劳动者报酬比例。劳动者报酬比例指的是 GDP 中劳动者报酬所占的比重。近年来，中国劳动者报酬比重不断下降，1995 年这一比例为 51.4%，到 2007 年已下跌至 39.7%。同时，资本所得惊人，且呈现逐步提高的态势，2007 年这一比例更是达 45.4%。当前企业和政府所得在国民收入中所占的比重过大，应该尽快使中国的劳动者报酬达到 GDP 的 50% 以上。

二是加快培养中等收入阶层。当前从名义收入上看，近十年来的居民收入增长每年都超过了 GDP 的增速，但在通货膨胀和部分主要生活用品价格暴涨的情况下，真实收入与实际购买力大打折扣。地区收入差距和社会各阶层的收入差距呈不断扩大趋势，少部分高收入阶层奢侈性消费与大部分居民消费捉襟见肘形成鲜明对比。中等收入者比重过低是国民经济"消费塌陷"格局形成的主要原因。只有加快形成一个庞大的、稳定的中等收入阶层，消费推动型的经济发展方式才能真正形成。因此，扩大内需政策应在增加国民收入的同时，加强对收入进行再分配，遏制收入差距的不断扩大。

三是着力增加就业机会。就业是居民参与国民收入初次分配的必要途径。就业率的提升，意味着更多的居民能够参与国民收入初次分配。长期以来，中小企业（年收入 3 亿元以下）一直是中国推动就业增长的主力军和国家财政收入的重要贡献者。中小企业绝大部分为民营性质，承担的税收负担较重，当前受国际金融危机的影响也较为严重。中小企业的破产或倒闭会直接导致失业率大幅提升。中小企业的生存和发展是提高就业率的关键，政府应采取措施着实减轻企业负担，为中小企业发展创造良好

环境。

二　不断优化经济结构，提高有效需求水平

目前中国所存在的有效需求不足并不是绝对的不足，表现为需求总量不足而潜在需求巨大，供给总量过剩与有效供给不足并存，这是国内供需结构性失调长期积累的结果。一方面市场急需的产品不具备快速扩张的生产条件，另一方面企业所生产的产品大多数与市场需求不相符合。例如，许多传统产业面临着生产能力过剩和市场需求疲软的艰难处境，而许多进口产品在国内市场的占有率却不断提高。其主要原因就在于进口产品多是国内企业不能生产的产品或国内企业生产的产品质量不能满足国内需要。这充分表明国内的生产与需求的不吻合，国内产业结构的调整滞后于消费结构的变化，使得许多需求无法实现。随着中国综合国力和人民生活水平的不断提高，消费结构也发生着巨大的变化。人们对生活必需品的需求不断下降，而对享受和发展型产品和服务的需求日益提高。对于产业结构的调整则意味着人们对第一产业产品的需求比重相对下降，而对第二、三产业产品需求比重上升。这些现实或潜在需求的满足要求我们必须对产业结构进行快速调整，才能使总供给与总需求相适应。因此，在扩大内需的过程中，产业结构的调整方向应与有效需求相一致。同时还应以国家产业结构调整的战略为指导，以优化资源配置为最终目的。以产业升级为中心任务，不断优化产业结构，以现代技术来改造传统一、二、三产业。

三　加快城市化进程，扩大社会消费总需求

城市化实质上是农村人口不断地向城市聚集和各种生产要素在空间上实现优化配置的过程。就特定地域的城市化进程而言，表现为一个经济、社会、文化等多种因素综合发展的过程。不仅表现为农业人口向非农业人口的转换，还表现为城市数量的增加和城市地域范围的不断扩大；不仅表现为农业活动不断向非农业活动的转换、经济结构的优化与升级，还表现为城市生活方式、城市文化、价值观念等向农村地区的渗透和传播。城市化与工业化、经济增长是相互促进、互为因果的关系，而由于中国城市化发展滞后于经济增长和工业化，它已给经济社会发展带来了一些不利的影响。尤其是城市化滞后导致的国内需求不足对经济发展的制约较为明显，主要表现为居住在农村的人口过多，城乡二元经济结构固化。而农村居民

消费水平较低，导致城市工业生产供给能力的过剩，产生结构失衡型的内需不足，消费需求对经济增长的带动不足。城市化水平偏低，发展速度缓慢，依然是国内需求不足，经济增长乏力的重要原因。所以，加快城市化步伐，通过城乡人口结构变动来吸引投资，拉动消费，扩大社会消费总需求，是有效扩大内需的重要途径，应成为进一步扩大内需的政策着力点。

四　实施积极的财政货币政策，维持经济的总体稳定

财政政策和货币政策是国家进行宏观调控的主要手段。财政政策指通过财政支出（政府购买、转移支付）和税收的变动来直接影响总需求和国民收入变化的一系列措施，可通过增加财政支出和减少税收刺激总需求上升。货币政策指中央银行通过调节货币供应量和利率水平来间接影响总需求和国民收入变化的一系列措施，包括增加货币供应量，降低利率，增加总需求。财政政策和货币政策在扩大国内需求方面各具特点，财政政策引导结构调整成效显著，货币政策进行总量调节影响明显。当前为实现扩大内需的总目标，财政政策应着力促进居民可支配收入的增长尤其是农村居民收入增长，积极引导资源投向农村地区、中西部地区等具有巨大潜力的消费市场，同时降低税率，创造良好的扩大内需宏观环境和制度背景，促进经济增长方式从出口导向型向内需拉动型转变。货币政策应着力优化信贷结构，配合财政政策，加大对重点项目和行业的信贷支持，限制对"两高"行业和产能过剩行业的贷款。

第三节　扩大内需的财税政策工具选择

从扩大内需的政策传导渠道看，财税政策和货币政策是政府对需求总量与需求结构进行调控的两大主要政策。比较而言，财税政策的作用直接、可控性强，通过政策性扩张拉动内需的作用较为显著。而货币政策在扩大内需方面受到了较多的局限。主要表现在，国有商业银行作为现阶段货币政策传递的主渠道，随着商业化改革的推进，内部控制更加严格，经营行为趋于合理，银行放贷避险倾向加强，其信用中介和扩张信用功能削弱。股份制、地方性商业银行规模较小，难以弥补国有商业银行信用收缩的市场空间，对扩大内需的作用不显著。货币渠道存在的诸多局限，使得当前扩大内需的政策选择，还需要更多的依赖财税政策工具来实现。

一　扩大内需的财税政策工具

财税政策工具主要有收入政策工具和支出政策工具。收入政策工具主要是税收政策和公债政策。支出政策工具可分为政府投资政策和公共支出政策，公共支出政策包括购买性支出政策和转移性支出（转移支付）政策。下面分别对税收政策、政府投资政策、购买性支出政策、转移支付政策和公债政策进行具体分析。

1. 税收政策

税收作为政策工具，在于它通过调节国民收入在政府、企业、居民之间的分配结构，发挥对经济活动的调节作用。税收政策的调节手段主要通过宏观税率、税制结构及税收优惠和惩罚实现。税收具有强制性、无偿性、固定性特征，因此其调节作用广泛而强烈。通过税收总量和结构的调节可以调节社会总供求，影响总供求的平衡关系。通过支持或限制特定产业的发展，实现对产业结构的调节，优化资源配置。通过调节收入分配结构，实现国民收入的公平分配，缩小收入差距。税收政策的实施应注意其所具有的如下特点：一是决策时滞较长，税收增减需要通过调整税法来实现，而税法需要经过一定的政治程序才能通过并付诸实施；二是可直接影响居民可支配收入，当政府通过增税来弥补财政赤字时，其实质是把资金从企业或个人手中转移到了政府手中，如果政府所增加的支出效率偏低，将会对总需求产生抑制作用；三是减税政策的实现依赖于居民的边际消费倾向，增加了政策的不确定性。

2. 政府投资政策

政府投资是指财政用于外部效应大、自然垄断性强、产业关联度高的基础性产业及公共设施等资本项目的建设支出。主要投资于各种基础工业部门、新兴工业部门与基础设施等，以消除经济发展的瓶颈制约，促进产业结构的更新换代。在经济萧条时期，政府对这些部门的投资可以有效扩大总需求。实施政府投资政策应注意其具有的如下特点：一是积累性强，政府投资政策的实施往往会形成若干可供居民长时期消费的项目；二是效率往往较低，由于投资目的多是刺激经济和解决就业，决策通常比较仓促，投资的必要性和可行性论证多不充分；三是时滞长，政府投资项目的工程建设期往往较长，少则两三年，多则数十年，可能部分项目尚未完成，经济形势已发生较大变化，使政策由逆调节变为顺调节，加大了经济波动；四是易形成地区不平衡，基础建设属于地方性公共品，本应该由地方政府进行投资，而中央政府为了调节经济刺激需求在某些特定的地方进行工程投资建设，实际是用全国的资金为某些地方提供公共产品，承担了本应由该地方政府承担的建设项目，这直接导致各地争项目、争投资和"跑部钱进"现象的出现，使投资风险大大增加，形成新的地区不平衡。因此，政府投资政策必须与政府间财政转移支付政策协调配合。

3. 购买性支出政策

购买性支出政策，是指政府直接购买商品和服务并用于当期消费，如增加政府工作人员、提高工作人员工资、扩大对办公设备的购买等。购买性支出直接构成了最终消费需求。这一政策手段具有如下特点：一是公平性差，增加政府雇员工资相对增加失业人员救济金来说，会扩大二者的收入差距。近年来中国政府的消费性支出规模增长快速，如果现阶段继续增加会引起社会更大不满，激化社会矛盾；二是政策效率依赖于政府工作效率，现阶段政府机构效率偏低，本已为人诟病，增加的购买性支出，是否能大幅提高政府工作效率，应加以慎重考虑；三是工资变动对劳动力市场具有重要影响，任何部门劳动者工资的提高都将不同程度地提高全社会的平均工资水平，特别是政府人员工资水平的提高有着强烈的示范作用，某种程度上相当于提高了最低工资水平线，可能会降低企业雇佣工人的数量，对扩大就业带来一定的负面影响。

4. 转移支付政策

转移支付政策是通过为个人、企业或下级政府提供无偿的、单方面的资金援助，来调节社会分配和生产的政策，包括对个人的转移支付、对企业的转移支付和对下级政府的转移支付。转移支付具有与税收调节方向相反的调节作用，增加对企业和居民的补贴可以直接刺激生产与需求。转移支付政策具有如下特点：一是直接影响国民收入分配，增加对低收入者的转移支付，可有效缩小社会贫富差距，提高低收入者消费水平；二是对需求具有较大的扩张作用，低收入者比高收入者的边际消费倾向更大，提高对低收入者的财政补贴，对社会总需求会产生更大的刺激作用；三是积累性差，转移支付资金主要被用于消费，被转化为积累资金的可能性较小。

5. 公债政策

发行公债是政府部门弥补财政赤字最基本的手段，它通过国家信用的形式，将企业和居民所支配的部分国民收入转移给政府使用，使政府即期可支配收入增加，政府活动的范围和规模扩大。政府通过对所获得资金的支配，从宏观上控制资金的流向，调节投资结构和产业结构。发行公债会对当期的金融状况造成一定影响，甚至产生重大冲击。在公债发行过程中，应注意如下因素：一是社会资金供求状况，尤其是社会闲置资金对公债的需求；二是金融状况，如利率、信贷规模、金融市场的完善程度等；三是政府的还债能力，特别是在社会对国债需求较大的情况下，更要警惕政府债务负担过重局面的出现。

当前在世界金融危机影响加剧的特殊情况下，中国经济出现了需求不足，投资、出口增长乏力。通过实施积极的财税政策来扩大内需、保持经济稳定增长，是在货币政策因实施、操作和传导路径受阻，刺激需求的能力和效果受限的条件下，必须进行的一种政策选择。现阶段虽然财政收支形势较为严峻，但由于一方面前期财政结余较多，稳定调节基金充裕；另一方面中国赤字规模与西方发达国家相比依然较低，财税政策依然存在较大的调控空间。财政可以根据以上五种政策工具的特点，实施积极的财税政策，实现扩大需求、刺激经济的目标。为实现扩大内需战略，现阶段可运用的财税政策工具主要有税收政策、政府投资政策和转移支付政策。一是减税，增加企业与居民收入，以刺激企业投资、促进个人消费增长。二是增加政府投资，以政府投资替代民间投资不足并带动民间投资。三是转移支付，以缩小城乡和地区收入差距，扩大低收入阶层的消费需求。

二　扩大内需的财税政策选择

为抵御全球金融危机对中国经济发展带来的不利影响，中央采取了积极的财政政策和适度宽松的货币政策，以拉动国内需求，促进经济平稳较快增长。积极财政政策通过增加政府投资，短期内能够拉动基础建设行业的 GDP 增长，但从长期来看，无法替代居民消费的增长。投资拉动经济的即期效应虽然显著，但过度依赖投资的副作用和对经济发展造成的负面影响必须引起足够的重视。财税政策的选择应将投资规模与消费需求相结合，总量扩张与结构优化相结合，国有与非国有经济发展相结合，当期政策与长期政策相结合，综合运用各项财税政策工具，配合适度宽松的货币政策，来制定具体有效的政策措施。具体包括：

1. 继续推行减税政策，促进企业投资和居民消费

一是继续扩大营业税改征增值税试点范围。按照建立健全有利于科学

发展的财税制度要求不断完善税制，消除重复征税，降低企业税收成本，增强企业发展能力，促进三次产业融合。二是降低中小企业税收负担，扶持中小企业发展。为有效解决中小企业融资难问题，可以对金融机构向中小企业提供的贷款免征营业税，对取得中小企业所发行公司债券的利息所得适当降低所得税税率，以提高社会投资积极性；进一步降低对中小企业的所得税优惠税率；延长中小企业亏损向以后纳税年度结转的时限。三是调节收入分配格局，增加居民收入比重。降低初次分配过程中的生产者税负，提高劳动报酬；加大对再分配的调节力度，增加中低收入者收入。四是降低个体经济税负，增加城镇中低收入者收入。提高增值税和营业税的起征点，降低个体经济税收负担；完善现有吸纳失业人员的税收优惠政策，适度扩大优惠范围，构建促进就业的长效税收政策机制；实施鼓励创业的税收政策，建立扩大政策优惠面。五是调节城乡收入差距，增加农民收入。加大对农业的财政直补力度；对农民购买的部分农业生产资料实施增值税免、退税政策；对自谋职业、自主就业的失地农民给予税收优惠政策；建立健全鼓励农业产业化、规模化的税收政策；建立适应农村土地使用权流转的税收制度。

2. 优化投资结构，提高投资效率

政府投资应坚持主要投资于公共领域的原则，增加对农业、教育、医疗卫生、生态环境等基础设施建设的政府投资，支持灾区恢复重建。一是支持保障性安居工程建设。加快棚户区改造，增加对廉租住房建设支持力度；加快实施游牧民安居工程，继续扩大农村危房改造试点。二是加快对农村民生工程和农村基础设施的投资建设，加大对农村饮水安全工程和农村公路网的建设力度，完善农村电网。三是加快机场、铁路和公路等重大基础设施的建设，不断增强经济发展后劲。四是加快病险水库除险加固和南水北调等重大水利工程建设，加强对大型灌区的节水改造。五是加快灾后恢复重建各项工作，重点支持地震灾区城乡居民住房、电力交通通信等基础设施、学校医院等公共服务设施的恢复重建，做好生态恢复和环境整治等各项工作。

3. 调整国民收入分配格局，增加财政转移支付规模

财政转移支付应更加重视对居民的转移支付规模，发挥对国民收入再分配的调节功能，着力提高居民收入特别是农民和城乡低收入群体收入。一是提高对农民的农资综合直补、良种补贴和农机具购置补贴等补贴标准，提高农产品最低收购价格，增加农民收入。二是提高城乡低保补助水

平，提高对优抚对象等人员抚恤和生活补助的标准。三是继续加强做实企业职工基本养老保险个人账户试点等工作，提高企业退休人员基本养老金收入。四是支持提高企业最低工资标准，逐步建立企业职工工资正常增长和支付保障机制，促进企业全面落实职工基本医疗保险、工伤保险、基本养老保险、失业保险等制度。五是加大对中西部地区、边远贫困地区、少数民族地区的转移支付力度，缩小地区之间的收入分配差距。

4. 调整财政支出结构，促进保障和改善民生

保障民生是财政的基本职能，当前应继续加大对"三农"、教育、医疗卫生、社会保障、保障性安居工程建设等民生领域的投入。一是继续加大中央财政对"三农"的投入力度。不断强化促进农业现代化的财税政策，继续推进农村经济社会综合改革，推动农村社会的全面进步。二是加大财政对基础教育的投入力度。深化农村义务教育经费保障机制改革和完善城市义务教育阶段学生学杂费免除政策，提高农村中小学公用经费水平。继续完善和落实对家庭经济困难学生的资助政策。加强国家助学贷款政策的实施，着力推进生源地助学贷款。三是大力支持医疗卫生事业的发展。继续深化医药卫生体制改革，推进新型农村合作医疗的全面实施。继续扩大城镇居民基本医疗保险覆盖范围，妥善解决破产关闭企业退休人员的基本医疗保障问题。进一步加大对城乡医疗救助的支持力度，完善基层医疗卫生服务体系，促进基本公共卫生服务均等化的实现。四是加大对完善社会保障制度的财政支持。推动制度统一、标准有别的城乡居民最低生活保障制度的建立和完善。支持扩大农村养老保险试点范围，逐步完善并适时出台城镇职工基本养老保险关系的转移接续办法。支持事业单位开展养老保险改革试点工作。五是加快保障性安居工程建设，加大对城乡棚户区、危房、廉租房等建设改造的支持力度。六是从严控制政府购买性支出，控制"三公"经费增长，控制对党政机关楼堂馆所建设的支出，严禁政府办公场所的超面积、超标准建设和装修。

5. 大力支持科技创新和节能减排，推进经济结构优化

经济结构的不断优化是经济持续、稳定增长的基础，财政应进一步加大对科技创新和节能减排的投入力度，实现供给结构与需求结构、国家政策的协调一致。一是要加大对重大科技创新和基础性、公益性科研项目的投入力度。加大对企业自主创新的财税支持，鼓励企业增加科研投入，促进国内高新技术产业和装备制造业的快速发展。二是增加对节能减排工程

的投入力度，支持重点节能减排工程的建设。健全完善资源税制度，促进节能环保和对资源的合理利用。建立健全煤炭、石油等矿产资源的有偿使用制度和生态环境补偿机制，支持发展可再生能源。三是落实支持中小企业发展的税收优惠政策。支持建设完善的担保体系，解决中小企业融资难问题。构建促进中小企业科技进步和技术创新的政策体系。

　　当前政府实施扩大内需战略背景下的扩张性财税政策，具有阶段性、定向性和复合性的特点。首先，它是在国内需求不足、经济增长乏力的情况下，在政策环境允许的限度内，所采取的一种阶段性或暂时性的适度扩张政策，一旦政策环境发生变化，政策选择就需另行考虑。其次，它是在中国政府职能转变过程中，体制性和结构性矛盾突出的情况下，所选择的既有利于调整和优化结构又可促进体制改革深化的政策组合，具有较强的定向性特点。第三，扩大内需是多方面、多层次的，因此积极财税政策的运用，也不能局限于扩大基础设施投资的单一方面，而应注重多项政策工具的综合运用，体现其政策复合性。这些特点决定了必须深入分析财税政策影响内需的作用机理，以准确把握政策的着力点、方向和力度，降低政策实施的风险，提高政策实施效率。

第 四 章

财税政策影响国内需求的作用机理

　　财税政策作为政府扩大内需的核心政策工具有其内在必然性，广义的财税政策能够通过不同的政策传导机制、在不同的时空跨度上对国内需求产生深刻影响。本质上讲，任何政府的收支行为均可能对投资与消费需求产生影响。也正因为此，财税政策影响国内需求的传导机制及作用机理十分复杂，在这种背景下需要对影响需求的财税政策进行适当的归类，构建一个适于分析的政策框架，进而分别展开不同类别财税政策影响国内需求的传导机制和作用机理研究。

第一节　影响国内需求的财税政策：
危机应对与制度建设

　　对影响需求的财税政策进行归类，一种较好的归类方式是将财税政策实施目标的不同作为归类标准。一般来看，运用财税政策进行需求管理有两大目标：一是在危机环境下运用财税政策应急性的扩张国内需求，以抵御来自内外部的经济冲击和动荡，即发挥财税政策的危机需求管理功能，具有短期特征；二是在长期发展过程中运用财税政策建构有助于需求结构改善的制度体系，即发挥财税政策对经济主体行为的引导功能，具有长期特征。两种类别的财税政策由于目标的不同，其具体政策选择、传导机制、作用机理均不相同，因此对其进行分别研究十分必要。

　　基于上述标准，影响国内需求的财税政策可以分为短期的危机应对型政策与长期的制度建设型政策。短期来看，财税政策能够通过增加政府直接投资、补贴、贴息、减税等多种手段直接扩张国内投资需求，并通过消费补贴、发放消费券等方式刺激消费需求，进而实现短期内扩大国内需求的政策目标。长期来看，财税政策亦可通过推进收入分配体制改革、扩大居民收入、建立健全社会保障体系等方式增强居民消费能力和意愿，并通过消费需求的提升带动投资需求的上升，进而在长期内实现内部需求的扩大。不难发现，在财税政策影响国内需求的作用机理中，短期政策与长期政策存在着本质性的区别。

影响需求的短期财税政策源自于凯恩斯主义的需求管理理论，侧重短时间内的应急管理，以扩大公共支出为手段来迅速刺激需求扩张，多见于应对经济危机的政策措施之中。其能够迅速扩张投资或消费需求，具有应急性强、传导迅速的特点。1998 年与 2008 年两次扩张性财税政策是典型的短期性财税政策影响内部需求的政策措施，两次政策均在短期内迅速扩张了国内的投资消费需求，有效抵制了国际经济危机对中国经济的冲击，有力证明了财税政策短期内扩大国内需求的有效性。但从另一角度，短期扩张性财税政策无法根本上改变需求结构的特征，且具有损失经济效率、扭曲经济结构的负面影响，因此也始终存在诸多争议。

而影响需求的长期财税政策则更具一种制度层面的长期考量，其本质在于通过调整政府收支行为改变或影响私人部门的行为模式，以实现从根本上改变需求结构的目的。如以推进收入分配体制改革扩大居民收入，以及以完善社会保障体系来提升居民的消费能力和消费意愿，再如通过结构性减税、设立产业发展基金等提升私人部门的投资意愿。这种致力于制度变革的长期性财税政策，虽然传导过程较为缓慢，但具有长期性、根本性的特点，其通过影响私人部门决策的作用机制能够从根本上改善需求结构，从而使政策效果更加持久。从世界各国的发展经验看，通过财税支撑推进收入分配、社会保障、税收等制度建设是各国扩大本国需求，尤其是消费需求的重要手段。而从中国的财税政策实践看，近年来中央政府愈发重视运用长期财税政策对需求结构进行管理，结构性减税、收入分配体制改革、社会保障体系建设等愈来愈成为政府政策的重点。

两种类型的财税政策体系，从根本上讲具有不同的传导机制和作用机理。在短期的危机应对型财税政策的着力点在于改变私人部门的短期行为来扩大内需，或者不通过私人部门直接扩大公共支出创造投资需求。而长期的制度建设型财税政策的着力点则在于改变私人部门的长期行为模式并改善需求结构，且全部通过私人部门的传导机制来完成。因此分别探讨两种类型财税政策体系的传导机制和作用机理，有助于系统认知财税政策扩大内部需求的脉络与原理，从而指导现实政策选择。

第二节　危机应对导向财税政策影响国内需求的作用机理

危机应对导向的财税政策包含多种政策手段，可以分别影响投资需求和消费需求，以达到短时间内扩大内需的目的。事实上，自凯恩斯主义诞生以来，财政政策始终是政府进行宏观调控、应对经济周期的有力工具。而中国近年来的宏观调控实践证明，以凯恩斯主义为指导的大规模财税政策实践在中国也具有十分强大的生命力。从1998年的应对亚洲金融危机到2008年的抵御由美国次贷危机引发的全球经济危机，中国政府实施的两次积极财政政策都取得了令人瞩目的成效。两次危机中，中国均率先走出了危机的阴影，实现了经济的平稳快速增长。也正因此，运用相机抉择财政政策实施反经济周期调节的成功经验，验证了财税政策对需求拉动的巨大影响，使得危机应对导向的财税政策成为政府扩大内需的一项重要政策工具。最常用的政策包括政府直接投资、投资补助或贴息、消费补贴、发放消费券等手段。从政策方面看，这些政策均具有在短期内改变私人部门行为和需求结构的特点，但各种政策的传导机制与作用机理却不尽相同。下面我们分别就不同政策的传导过程和机理进行归纳和讨论。

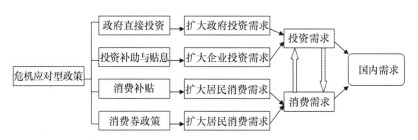

图4-1　危机应对导向财税政策影响内需的作用机理

一　政府直接投资

在1998年和2008年两次应对外部经济危机冲击过程中，中国政府均运用积极财政政策作出了较好的应对，也凸显了政府直接投资对拉动国内需求的强大影响力。2008 年在外需急剧下降的背景下，政府提出的四万亿投资计划是政府直接投资扩大内需的典型政策案例，其效果是有效遏制了经济增长的下滑趋势，维持了经济社会的平稳运行。从政策的传导机制看，政府直接投资政策对拉动内需的作用过程最为直接，以直接创造投资需求的方式扩大内需。按照凯恩斯主义的逻辑，政府投资的目的还不仅于此。凯恩斯主义者认为政府投资能够带动私人投资，并提高私人收入，进而提高居民消费需求并进一步拉动私人投资，从而使经济能够内生的创造出投资消费需求，而政府投资则在经济恢复稳定增长后及时退出。政府直接投资的这种传导机制在相当长一段时期内被认为是正确的，也取得了良好的政策效果。

但自 20 世纪 70 年代的石油危机引发的经济滞胀现象出现以来，人们开始质疑政府直接投资的经济效果。中国 2008 年的四万亿投资计划实施过程中也始终存在质疑的声音，认为此种基于政府大规模投资促进经济复苏与快速增长的调控模式存在很大弊端，担心其会对中国经济带来极大的成本和代价，因而对积极财政政策的必要性表示了怀疑，也引起了对这种调控模式的更多反思。从中国的经济实践看，无论是 1998 年还是 2008 年的积极财政政策均未能通过政府直接投资的方式拉动私人投资和居民消费需求的提高，其政策效果更多体现为直接拉动投资需求促进经济快速增长，后续的传导机制则由于投资环境与社保体系不健全而发生了阻滞，未能传导至带动私人投资和消费需求层面。

二　投资补助与贴息

投资补助与贴息是政府运用财政资金引导企业投资的重要政策工具，其政策实质是通过财政资金的补贴改善企业投资项目的成本收益函数，引导企业向政府鼓励的领域投资，以实现在特定领域扩大投资需求。在由计划经济向市场经济转轨的过程中，中国政府对经济领域的参与度较深，国有经济占有举足轻重的地位，因此投资补助与贴息政策作为一种引导投资需求的财税政策手段被经常使用。

2005 年国家发改委专门出台了《中央预算内投资补助和贴息项目管理暂行办法》，对中央预算内投资补助与贴息项目管理进行了规范。《办法》明确指出，中央预算内固定资产投资补助资金是指对符合条件的固定资产投资项目给予的投资补助资金；贴息是指对符合条件、使用了中长期银行贷款的投资项目给予的贷款利息补贴。同时对政策的使用范围进行了明确的规定，即投资补助和贴息资金重点用于市场不能有效配置资源、需要政府支持的经济和社会领域，主要包括公益性和公共基础设施项目，保护和改善生态环境项目，促进欠发达地区的经济和社会发展项目，推进科技进步和高新技术产业化项目等领域。因此可以看出，投资补助与贴息政策手段的本意是运用政府资金引导企业投资方向，但实质政策效果却是扩大了企业投资规模，扩张了企业投资需求。

从投资补助与贴息政策的传导机制看，与政府直接投资存在显著不同。投资补助与贴息是一种政府对企业的无偿财政资金投入，旨在改变企业主体的行为模式来扩大企业投资，是一种间接式的需求扩张方式。也正因为此，投资补助与贴息的财政资金的使用效率要优于直接投资，因为其具有一个资金使用的杠杆效应，能够以较少的财政资金带动较大规模的企业投资需求，从而最大限度地发挥财政资金的使用效率。但从政府对投资规模的控制力度方面看，最终的投资决策依然是由企业主体作出，而政府的作用力显然不如直接投资强。但在应对经济危机的特殊背景下，投资补助与贴息等投资引导性政策能够显著提升企业及各级政府的投资需求，实现扩大内需、稳定经济、促进转型的政策目标。

三　消费补贴

2008 年国际金融危机背景下，政府为刺激居民消费、稳定经济增长，实施了史上最大规模的消费补贴计划，在一揽子计划中包括家电下乡、汽车和家电的以旧换新等补贴政策陆续出台。随后在扩大消费需求的政策导向下，各地政府纷纷出台了类型各异的消费补贴政策，如北京的家具以旧换新消费补贴、节能补贴、信用消费补贴，济南的结婚消费补贴，以及不少地区推出的文化消费补贴等不一而足。从经济学意义上看，消费补贴是政府运用财政资金影响居民消费决策的一种消费刺激政策，其政策传导机制是通过价格补贴使得产品价格相对下降，从而在居民预算约束不变的情况下扩大居民消费需求。更进一步看，居民消费需求的扩大将拉动投资需求的提升，从而更大规模的扩大内部需求。从政策效果看，各种消费补贴政策确实较为显著地带动了居民消费需求，短时间内实现了居民消费快速增长的局面。

但本质上讲，消费补贴政策是一项临时性政策，一般均具有时期限制，因此补贴政策能够改变居民的短期消费决策，但无法改变长期决策。当消费补贴措施取消后，产品价格将恢复到原有水平，居民的消费需求也会随之下降。因此通过消费补贴，可以将居民若干年后的消费需求提前至当前进行消费，但本身对居民长期内的消费需求总规模而言并无显著提升。因此在总体上，家电下乡、汽车和家电的以旧换新等政策更多是改变了居民消费的节奏，而非根本上扩大了居民的消费能力。

四　发放消费券

在 2008 年国际金融危机过程中，为应对内需不足以扩大居民消费，中国部分地区首次实施了消费券政策。2008 年 12 月，成都市为 37.91 万城乡低保对象、农村五保对象、城乡重点优抚对象等三类人员，每人发放等值为 100 元人民币的消费券。此举引发了各地的消费券发放热情，2009 年春节，杭州市编列 1 亿元，针对低收入家庭、困难家庭、退休职工以及中小学生各发放等值为 100 元至 200 元人民币的消费券。同年 3 月，杭州市再次推出总金额超过 6 亿元各类型的消费券，以 200 元和 500 元的标准发放给不同类型和需要的居民。从消费券政策的实施效果看，毫无疑问起到了一定程度的刺激消费作用，但作为一种新兴的政策措施其实施过程有待进一步规范。为此财政部于 2009 年 10 月，颁布了《关于规范地方国家消费券发放使用治理的指导意见》对消费券的发放进行指导，《意见》指出，地方国家消费券由地方各级政府在本级预算中安排发放，方向要符合公共财政支持范围，如购物券、职业技能培训券、困难群体粮油或食品兑换券等，要按照市场经济原则公平、公正地确定商品或服务供给商，重点向困难群体倾斜。同时不能用国家消费券抵顶劳务报酬，禁止消费券直接兑换现金或替代现金找零，禁止倒买倒卖，禁止反复流通。《意见》的出台，实质上表明中央政府肯定了通过发放消费券拉动居民消费需求的做法，同时明确了消费券的发放对象及使用商品范围，有利于此类政策的后续实施。

从消费券政策的作用机理看，对低收入群体发放可用于购买生活必需品的消费券，等同于给予了低收入群体直接的现金补贴，提高了低收入群体的收入水平，使得其预算约束外移，从而增加所有商品的消费量，带动消费需求的提升，进而带动消费品生产的投资。从消费券的社会福利效果看，消费券可用于购买的商品越多，社会福利水平增进越大；而反之如消费券仅适用于某一种商品，则会大幅提高该种商品的消费需求，但对居民福利的改进则相对有限，因此发放适用于多种生活必需品的消费券要优于单一商品的消费券。但应该清醒地认识到，一次性的消费券发放的效果是有限的，理性的消费者会预期到此种收入增长不是长期性，因而不会明显改变自身的消费行为，会更多将消费券转化为储蓄而非消费。因此如果要扩大消费券的作用效果，还应当建立一套长期性的针对低收入人群的消费券政策，改变居民收入预期，从而扩大消费需求。

第三节　制度建设导向财税政策影响国内需求的作用机理

制度建设导向的财税政策能够通过多种渠道影响投资消费需求，并从根本上改善需求结构形态，完善扩大内需的长效机制。事实上，政府用以扩大内需、改善需求结构的多种制度建设均与财税政策密切相关，如提高居民收入、完善社会保障、推进结构性减税、改革税制等等均是财税政策涉及的范畴。回顾过去十余年政府扩大内需的政策实践看，中国政府更多采用了直接投资、补贴、贴息等短期性政策，而收入分配体制改革、完善社会保障等制度建设则进展缓慢，使得中国始终没能建立起扩大内需的内生长效机制，这是根本上制约中国内需结构调整的关键所在。但客观上讲，由于收入分配体制改革、完善社会保障等制度建设要涉及利益结构的调整，从政策实施的难度和复杂性上，制度建设导向型的财税政策要面对的利益冲突及各种难题要远大于直接投资等短期政策。同时此类政策效果的显现也需要一个相对漫长的过程，因此运用制度建设型的财税政策扩大内需必然是一项长期而艰巨的工作。从政策的传导机制和作用机理方面看，长期政策与短期政策存在显著不同，其更多涉及投资需求和消费需求最为根本性的原始动力机制，可以促进国内经济的内生增长，通过提升居民消费能力和改善企业投资环境等长期因素，根本上扩大投资消费需求并改善需求结构。下面我们分别就不同政策的传导过程和机理进行归纳和讨论。

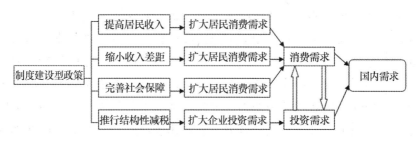

图4-2　制度建设导向财税政策影响内需的作用机理

一　提高居民收入的财税政策

提高居民收入水平是扩大居民消费需求的根本路径。尽管消费理论经历了由凯恩斯的"绝对收入假说"到杜森贝里的"相对收入假说"，再到莫迪格利安尼的"生命周期假说"，弗里德曼的"持久收入假说"等多种理论演变，但所有理论均从根本上认定了居民收入水平是居民消费的根本决定变量。在所有消费模型中，居民收入的上涨都必然导致居民消费数量的上涨。由居民消费与收入水平的密切关系可知，中国居民消费需求不足的主要原因是居民收入水平相对较低。20世纪90年代以来，国民收入分配出现了过多向政府和企业倾斜的现象：政府、企业的可支配收入占国民可支配收入的比重持续上升；居民可支配收入占国民可支配收入的比重持续下降，特别是劳动报酬在初次分配中的比重偏低。从目前能获得的《中国资金流量表历史资料1992—2004》测算，1993—2003年间，中国资本收入分配份额占国民收入总分配比重上升了5.5%，而初次分配中劳动者报酬占比已从1995年的51.4%降到40%以下。与之相对应，改革开放三十多年来，虽然中国居民收入绝对水平得到了显著提高，但国内消费水平偏低已经成为各界普遍共识。其中，居民消费率水平持续下降，且远低于世界平均水平。国家统计局与世界银行的数据都显示，1980年以后，中国居民消费率从没有高过50%，2011年为35%左右，而1980—2011年，世界居民平均消费率为60%。世界银行划分的中等收入国家为58%左右，发达国家为62%左右。因此运用财税政策手段提高居民收入水平是目前扩大居民消费需求的最有效路径。

从政策传导机制看，由于居民收入提高对于扩大居民消费具有直接的拉动作用，因此财税政策的传导机制主要体现在政策本身对居民收入的传导过程。财税政策可以通过多种途径提高居民收入，从而扩大居民消费需求。在一次分配中，可通过调整税收制度协调政府与企业、个人之间的收入分配关系，逐步提高劳动报酬在国民收入分配中的占比；在二次分配中，可以通过加大转移支付、社会救济等方式提高低收入群体的收入水平，进而提高消费需求。不难看出，运用此类财税政策扩大内需，其传导机制的难点不在于提高居民收入水平对扩大居民消费这一阶段的传导，更在于如何通过有效的财税政策制度化提高居民消费水平。无论是调整国民收入在初次分配的结构，还是加大对低收入群体的转移支付力度，均会涉及利益结构的再分配与再调整，因此必然会面临诸多层面的制约和掣肘。这也是为何中国收入分配体制改革迟迟难以推进的原因。但通过提高居民收入水平扩大消费的方向是十分明确且清晰的，因为不同于消费补贴与发放消费券政策，通过财税政策提高居民收入水平作为一种长期的制度性调整，其对居民消费需求的扩大具有长期效应，是从根本上解决中国居民消费不足的政策措施。

二　缩小收入差距的财税政策

中国的收入分配呈现出极大的不平衡性已是不争的事实，这不仅表现在国民收入分配格局中政府、企业与居民所占比例的失调，而且表现在城乡之间、地区之间、行业之间以及不同阶层的内部之间差距逐渐拉大。虽然权威学者对收入差距和居民消费率的关系存在不同的看法，但在解释中国目前低迷的消费率的成因上，收入差距无疑是一个重要的因素。因此通过财税政策缩小居民收入差距进而扩大居民消费是一个正确的政策方向。

从税收政策的传导机制看，税收作为一种操作性较强的政策工具可以对居民收入再分配及纳税人的消费行为产生直接影响。通过完善税制，强化税收对收入分配的调节作用，有利于提升国内居民的消费水平。

首先，推进综合与分类相结合的个人所得税制改革。征收个人所得税的目的是对国民收入分配格局进行重新调整，因此应更多地体现公平性原则，对低收入人群进行补贴，不断拓展壮大中等收入人群，加大对高收入人群收入的规范和调节，培育一个稳定而庞大的中等收入消费群体，放大消费拉动经济增长的功能。为此，适当提高个税起征点，降低中低收入者的个税税率；充分考虑低收入者对于赡养、住房、社会保险及教育等事项的支出，制定合理的抵扣标准和范围，减轻其税收负担，增加其可支配收

入；加大对高收入者的调节力度，提高过高收入群体个人所得税的边际
税率。

其次，优化税制结构，促进收入分配的公平性。遗产税、赠与税等财
产类税收可以调节不同收入群体之间的财产差距，促使高收入人群将财富
转化为现实的消费能力，因而可以防止财富过度集中，促进社会公平。而
征收社会保障税虽会减少居民的个人可支配收入，但也能给居民带来良好
的生活保障，减少其预期的不确定性，促使居民减少储蓄、扩大即期消
费，因此可研究适时开征遗产税、赠与税及社会保障税等税收；调整消费
税的征收范围，对于需求弹性较低的商品实行税收减免，同时提高奢侈
品、耐用品等需求弹性相对较高商品的消费税，以达到刺激消费、扩大内
需的目的；完善垄断性行业的税收机制，调节垄断性行业的利润及收入水
平，缩小行业之间的收入差距；完善社会捐赠的免税制度，通过健全有关
社会捐赠的法律法规、放宽社会捐赠的免税范围等措施大力发展慈善事
业，鼓励高收入阶层捐资建立公益性基金以帮助低收入阶层和弱势群体，
充分发挥慈善事业在缩小收入分配差距、扩大内需中的作用。

从财政政策的传导机制看，在取消对区域财力均等化有副作用的税收
返还制度（包括体制性补助）的基础上，控制专项转移支付的规模，提高
一般性转移支付的比例，并以"因素法"代替传统的"基数法"，实现标
准化的转移支付，逐步使东中西部地区的财力均等化，缩小居民收入差
距，促进区域经济协调发展；政府有关部门要进一步加强对农村和落后地
区的财政补贴和转移支付力度，逐步缩小城乡居民支付受益度的剪刀差，
并通过增加对农村地区消费支出的财政补贴力度，促进农村地区消费结构
的升级和消费水平的提高，减缓城乡收入和消费差距扩大的趋势。总之，
通过合理的财政转移支付制度，可以切实提高基层群众和中西部地区居民
的收入水平和消费能力。

三　完善社会保障的财税政策

社会保障与居民消费之间关系密切，不完善的社保体系会显著抑制居
民消费需求的提升，因此通过构建良好的社会保障体系以促进居民消费意
愿和消费能力的提高已经成为普遍共识。尽管民众对民生改善期盼日深，
党和政府也多次将民生问题写入中央文件和工作报告，并将其作为政府工
作的重点，但实际效果却远非预期那么理想，普通百姓的住房难、上学难

和看病难等问题却依旧严峻。完善社会保障制度的建立依赖于政府合理的财政支出规模，已有研究也表明，按照世界一般经济发展和财政能力与公共服务支出规模的关系来看，2006 年中国用于教育和医疗的公共支出应当占 GDP 的 6.69%，而实际上国家财政当前用于医疗教育的支出总额仅为 GDP 的 3.51%，只达到其应当承担政府责任的 52.4%，政府公共服务性支出总量不足的问题相当明显。① 这在相当程度上抑制了中国居民消费需求的上升，也对财税政策提出了更多的民生诉求。

从财税政策完善社会保障来扩大消费需求存在两条传导路径：一是通过社会性转移支付可以增加居民部门收入份额，并调节居民收入差距，从而扩大居民消费需求；二是通过社会保障降低居民未来预期的不稳定性，解决其消费的后顾之忧，减少预防性储蓄规模，不断提高其边际消费倾向，刺激消费的稳定增长。从第一条传导路径看，社会性转移支出包括社会福利（社会保障）体系的支出，既包括以缴费为基础的社会保险，又包括以资格核查为基础的社会救助与福利性支出。近十年来，中国在这一方面已取得巨大的进步，福利项目的种类及其覆盖人群的范围均大幅增加，财政支出中投入到社会福利体系的比重也得以较大提高。但与科学发展和调节收入分配的要求，以及与发达国家相比较而言，还需要进一步增加适应社会福利体系广覆盖的力度。从第二条传导路径看，应在总体财政资源有限的情况下，政府有关部门通过优化财政支出结构，加大对社会保障体系的投入力度，尤其是加强对教育、住房、医疗卫生、就业等领域的投入，向社会提供充足的公共资源，提高劳动者就业和收入的能力，减轻居民对未来消费支出的负担，免除其消费的后顾之忧，扩大当前消费。同时不断扩大社会保障制度的覆盖范围，尤其是加强农村医疗保险、生育保险、最低生活保障制度和多层次养老保障体系的建设，完善覆盖城乡居民的社会保障制度。

四　结构性减税

减税是旨在扩大内需的财税政策的一种表现形式，对个人的减税有利于增加居民可支配收入进而扩大消费，对企业的减税有利于增强企业的利润前景进而提高企业的投资意愿，因此推进结构性减税能够从消费和投资

---

① 吕炜、王伟同（2008）对政府在公共服务领域的政府责任问题进行了测算。

两个层面扩大内部需求。结构性减税作为一种长期制度性的税收改革，则有利于构建一个良好的投资消费环境，从制度层面保障内需的持续增长。在经历了为期几年的扩张性宏观调控之后，以政府直接投资为主的扩张性经济政策的"药效"已经减弱，同时"粗放型"扩张对于经济结构和物价水平的副作用已经显现，结构性减税已经成为当前中国宏观调控政策的主线索或主战场。

结构性减税的主要对象是增值税，2011年全部税收收入中，来自流转税的收入占比为70%以上，走商品价格通道、由企业法人缴纳，集中揭示了中国现行税制结构以及由此形成的现实税收收入结构的失衡状况。从优化税制结构和税收收入结构的目标出发，应当进入减税视野的主要是那些走价格通道转嫁、由企业缴纳的间接税或流转税。在现行税制结构下，间接税或流转税中，增值税规模最大，其收入占比在2011年是全部税收收入的41.1%。因此由于增值税在所有流转税中的规模最大，牵涉它的减税效应可能是最大化的，同时营业税改征增值税不仅已纳入"十二五"规划并公布了改革试点方案，且试点范围正在由上海向全国推广，营业税终归要被增值税"吃掉"。所以，兼顾税制改革的方向和尽可能放大结构性减税效应两重目标，结构性减税的主要对象无疑应当锁定于增值税。

作为推进结构性减税主要举措的"营改增"税制改革意义十分重大。营业税改增值税，不是简单的税种转换，而是重大制度创新，并从根本上有利于中国需求结构的改善。把结构性减税落到实处，能够实现以结构性减税推动经济结构调整，促进产业结构升级，助推工业创新转型，加快服务业和中小企业发展，为经济长期平稳较快发展增添动力和活力。从政策效果看，通过在交通运输业和部分现代服务业实施"营改增"试点，减轻试点企业和下游企业税负170多亿元，参与试点的小规模纳税人全部实现了减负，减税幅度平均达到40%。鉴于进一步加大"营改增"减税规模效应的考虑，很有必要在实施"营改增"并扩大其试点范围的同时，启动降低增值税税率的改革。以目前的增值税标准税率水平计，每降低一个百分点，可收获减税2000亿元的规模效应。再加上附属于增值税之上的教育费附加、城建税和地方教育费附加，其减税总规模可望达到2500亿元上下。因此制度化的结构性减税，能够创造出适于中国内需稳定增长的内在机制，从根本上为中国经济注入活力。

第 五 章

扩大内需财政政策的国际经验

从思想史上看，在与新兴的资产阶级辩论中，代表着小资产阶级利益的法国经济学家、经济浪漫主义的奠基人——西斯蒙第和代表已经没落的地主阶级利益的英国经济学家马尔萨斯最早提出了经济体中可能存在系统性"内需不足"的观点，当然他们扩大内需的措施是恢复自己所代表阶级——小资产阶级和地主阶级——的利益和分配份额。他们认为资本家只是将大量的自生产中攫取的工业利润投入到扩大再生产，而不是用于消费，从而资本主义必然会产生生产过剩危机。马克思的论述更进一步，认为经济危机的根源就是生产力的无限扩张与以广大工人阶级为代表的国民购买力相对萎缩之间的矛盾。这些以特定阶级的利益分配和消费倾向为前提的扩大内需措施，并不是本书研究的核心内容。这里进行简单回顾的原因，是因为阶级分析也是本次经济危机中的一种代表性观点。

现代经济学和经济政策中所强调的扩大内需，是以凯恩斯经济学和非凯恩斯经济学为基础进行划分的，第二次世界大战后发达国家世界所经历的宏观政策演变也与凯恩斯经济学紧密相关（Auerbach，2006）。从 1936 年《就业、利息和货币通论》出版开始，政府维持就业和促进产出增长的功能在英国、美国和欧洲大陆流行开来，希克斯、莫迪利安尼、帕廷金、托宾等一系列关于凯恩斯理论的精细化和模型化处理，萨缪尔森和汉森经典经济学教科书的流行和"新古典综合"概念的提出，再加上克莱因等创建的体现凯恩斯需求管理特征的大规模宏观经济计量模型出现、考尔斯委员会（Cowles Foundation）的发展壮大和英国政府在 1944 年的《就业政策》白皮书中承诺维持一个"高而稳定的就业水平"、美国 1946 年的《就业法》要求政府致力于追求"最高限度的就业水平、生产能力和购买能力"，都在很大程度上促进了战后初期"凯恩斯共识"的迅速形成。① 20世纪60年代中期，正统凯恩斯经济学达到了其影响力的顶峰。1965年底，已经去世近20年的凯恩斯登上了从不刊登死人照片的美国《时代》杂志封面。1971年，尼克松引用了弗里德曼的"我们都是凯恩斯主义者"来为其财政赤字和经济干预主义辩护，尽管弗里德曼辩称自己被别人断章取义。

1973年滞胀的出现，使得"凯恩斯共识"在顷刻间瓦解。各种反凯恩斯主义经济学逐步占据政策和学术研究舞台。在宏观经济学和相关领域内，1974年长期批评集体主义的计划经济和政府不能有效利用信息，力主经济个人主义的哈耶克获得诺贝尔奖经济学奖；1976年坚持提倡政府角色最小化，认为大萧条是政府不当收缩货币造成的自由市场派经济学家的弗里德曼获得诺贝尔奖经济学奖，标志着凯恩斯经济学已经从西方发达国家主流经济学的舞台上退出。在里根执政白宫之后，认为政府具有经济人特征而不是完全利他主义的公共选择理论创始人布坎南，力主通过市场交易而不是政府来消除外部性的制度经济学家科斯，认为政府反周期决策会因为市场主体的理性预期而趋于无效的卢卡斯和认为经济波动只是完善市场中理性经济主体对于供给（技术和石油）冲击所做的最优反应的实际经济周期理论创始人基德兰德和普雷斯科特，分别在1986年、1991年、1995年和2004年获得诺贝尔奖经济学奖，凯恩斯主义所强调的需求管理政策已经很难再找到市场。

发达国家周期性财政政策上所经历的转变可以总结为从财政扩张、减税、到减税基本消失，从其对应的扩张政府、缩小政府，到不强调政府规模的过程，或者是从凯恩斯经济学、反凯恩斯经济学，再到非凯恩斯经济学的转变（付敏杰，2013）。这种转变具有本国历史鲜明的色彩，因而政治经济学的因素远远超过了一般意义上的财政政策理论因素。这种经验的一般性意义有多强，依然有待实践的进一步检验，毕竟美国和西欧的宏观经济政策并没有使他们远离经济危机。

在规范的市场经济中，财政是政府的经济行为，也可以是政府行为

① 虽然罗斯福新政和战争期间很多国家的政府政策都暗合了凯恩斯学说，但是凯恩斯在宏观经济理论界的统治地位是战后确立的。［美］布莱恩·斯诺登和［英］霍华德·R.文在《现代宏观经济学》中提到，《通论》用12年就赢得了大多数经济学家的心。

的经济效果（Barro and Redlick，2011）。按照马斯格雷夫和罗斯托的财政发展假说，财政功能在不同发展阶段的国家表现不同，发达国家和发展中国家由于市场经济发展的基础和政府动员资源的能力、方式不同，财政政策的功能自然有所不同。本章区分了以美国和欧盟为代表的发达国家，以印度、巴西和俄罗斯为代表的新兴经济体扩大内需财政政策，并分别构成了本章的第一、二节，第三节是总结，提出在当前的国际经济再平衡背景下，以中国为代表的发展中国家和美欧等发达国家通过经济刺激要解决的问题具有本质不同，实现可持续增长的刺激政策不可简单套用。

第一节　发达国家扩大内需的财政政策措施

20 世纪 80 年代里根执政以来，减税和缩小政府规模成为倡导供给经济学的美国宏观经济政策的主流，这在很大程度上是针对 50—70 年代政府规模不断扩张和财政支出水平不断扩张的一种政策性反弹。从第二次世界大战结束到 20 世纪 70 年代末，美国财政支出占 GDP 的比重从 20% 增加到 30%，公共部门就业大幅增长，政府规模越来越庞大。从 1960 年到 1980 年，美国国家社会福利支出年增长率全部超过 8%（杨志勇，2013），大大超过了美国国民生产总值的增长速度，政府财政赤字规模不断膨胀。随着“滞涨”的出现和“凯恩斯共识”的崩溃，反凯恩斯主义的供给学派、货币学派、公共选择学派、政治周期理论、实际经济周期学派、理性预期学派、新政治经济学、信息经济学和新古典经济增长理论和实证研究的快速兴起，对政府进行周期性宏观调控的必要性、调控能力和动机进行了全方位的解剖，认为政府很难把握好宏观调控的时机，不具有完全利他的动机，也没必要进行宏观调控，而应当把财政支出的重点放在长期增长上。

一　美国扩大内需的主要措施

（一）次贷危机以前美国政府的财政措施

“减税”作为财政政策的主要取向从里根时期延续到了布什时期。里根的供给经济学政策在财税领域的内容包括：税收等级指数化以消除通胀对于实际税率的影响，消减资本收益税，扩税基、降税率、统一税基，导致了战后历史上规模最大的减税（图5-1）。同时消减国防支出增速，增大社会保障和社会福利支出比重等。主要措施是制定《经济复兴税法》（ERTA），全面消减个人所得税，减免企业税；实施《税制改革法案》，大幅度降低所得税。20世纪80年代开始美国的个人所得税税率出现明显下降，边际最高税率从70%消减到10年后的低于35%，中产阶级的边际税率下降了1/3，个人投资收入税率下降（费尔德斯坦，2001）。

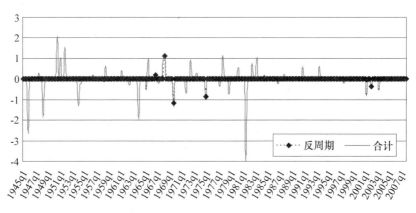

图5-1 美国政府的税收变化：反周期与总量（1945—2007）

资料来源：Romer and Romer（2010）利用美国国会报告、总统经济报告等公开资料整理，季度数据。

里根供给经济学所提倡的反凯恩斯主义政策带领美国走出了滞涨，也走出了凯恩斯主义的泥沼。1983—1985年，美国经济开始强劲反弹，居民消费需求年平均增长5.5%，投资年平均增长3.6%，带动实际GDP年均增幅超过4%。尽管1985年以后的经济增长开始变得不确定，1986年美国经济开始出现巨额的负增长，但是民众依然对"供给经济学"充满信心①。但是减税同时军事支出的不断增加，导致财政收支不平衡问题不断加剧，财政赤字不断累积。1992年克林顿执政后，宣布告别里根的保守主义和罗斯福的新自由主义，走既能发挥政府之长，又不至于完全自由放任

---

① 从来没有人定义什么是供给经济学和供给经济学派，已有政策只能表明供给经济学家们集中于改善经济体的供给面，政策核心是减税，最著名的供给经济学家当属拉弗，最著名的理论是拉弗曲线，很多供给经济学家认为拉弗曲线的定点税率是40%（费尔德斯坦，2001）。以拉弗曲线为代表的税收最大化理论，在国内宏观税负合理性的研究中占有一席之地。

的"以经济振兴计划"为核心的中间道路。1993 年的《综合预算调整法》（OBRA）和 1997 年的《平衡预算法》（BBA）对政府预算理念进行了修正，不包含社会保障的预算平衡逐步确立（弗兰克尔、奥萨格，2003）。

克林顿时期，政府推行的一系列投资计划起到了良好的效果。具体包括：（1）人力资本投资计划。在 1994 年的财政预算中，克林顿提出了一项 378 亿美元的"终身学习计划"，包括对弱智儿童的启蒙计划；提高教师和学生成绩的"2000 年目标计划"；对高中生进行职业培训的"学校向工作过渡计划"；帮助学生进大学并使学生有机会为社会服务，从而获得职业技能的"国民服务计划"；降低贷款利率，帮助更多青年上大学的"贷款改革计划"；对失业者的"再培训计划"等。（2）增加基础设施投资。于 1993 年制定了 480 亿美元的投资重建美国计划，用于加强交通、通信等基础设施，改善环境保护等。在 1997 年的财政预算中，联邦政府继续追加基础设施投资，其中在交通项目上支出 410 亿美元，在自然资源和环境保护方面支出 210 亿美元，在社区和地方发展中支出 110 亿美元。（3）加大科技投入。推出了耗资 4000 亿美元的"信息高速公路计划"，带动科技和经济的全面发展，最终建设一流的包括光缆电话网、无线电话网、有线电视网及各种计算中心数据网在内的信息高速公路，实现信息资源的共享。（4）改善中低收入群体的生活状况。联邦政府增加向最贫穷的人提供食品援助、向低收入家庭提供纳税贷款等。在住房方面，提供各种资助，如减税和补贴等。

美国经济周期开始明显缓和，产出、就业和物价波动明显变缓。从 1991 年 4 月开始到 2001 年 3 月，连续增长了 120 个月，创造了美国历史的新纪录，很多经济学家预言美国进入没有经济周期的"新经济时代"。政府收支得到了明显改善，1998—2000 年，美国财政预算开始出现盈余。在 2000 年美国联邦财政预算盈余达到 GDP 的 2.5% 的背景下，2001 年美国国会预算办公室甚至预测，到 2009 年财政年度以净值计算的美国公共债务将消失（弗兰克尔、奥萨格，2003）。

2000 年下半年开始美国经济走向恶化，到年底经济增长几乎停滞。随后的"9·11"事件更是使美国经济雪上加霜。随后乔治·布什开始重新实行一系列的国民经济刺激计划，截止到次贷危机之前共进行了两轮减税措施和增加军事支出等。减税方面主要措施是通过《2001 年经济增长与减税调和法案（EGTRRA）》通过恢复双收入税收减免，将低收入家庭的所得税消减 40%—50%，将儿童课税扣除额（child tax credit）从 500 美元提高到 1000 美元，简化和降低将个人所得税税率，分阶段逐步降低并取消遗产税，为企业研究和发展部门提供近 500 亿美元的减税额。随后通过《2003 年就业和增长减税调和法案》强化和加速了上述减税措施的实施。

（二）次贷危机之后的美国财政政策

次贷危机爆发后，美国政府反应迅速。2008 年布什政府继续其减税方案，出台了涉及 100 个税种、规模大约为 1500 亿美元的一揽子减税计划①，其中适用于个人的退税总额大约为 1000 亿美元，适用于企业的减税额大约为 500 亿美元。奥巴马当选总统后颁布了《2009 年美国恢复和再投资法》（ARRA），决定从 2009—2019 年拿出占当年 GDP5.5% 的 7870 亿美元资金刺激经济，以促使经济复苏并解决失业问题，此为美国历史上反周期财政扩张中规模最大的一次。

或许是对于政策效果的不确定，ARRA 同时包含了减税、转移支付和政府支出（Auerbach et al，2010）。（1）减税部分为 2880 亿美元，其中用于个人减税的资金为 2370 亿美元，主要是提高工薪税的扣除标准、扩大儿童税抵免、提高大学学费支出抵免额、减免小汽车购置税等；用于企业减税的资金为 510 亿美元，主要是将企业当期损失冲销之前利润的期限从 2 年提高到 5 年和延长可再生能源生产企业的税收优惠期限至 2014 年，允许企业购买的设备在 2009 年加速折旧。（2）财政支出部分包括公共投资 1053 亿美元（含 481 亿美元的交通基础设施建设，其中包括 215 亿美元的能源基础设施投资、180 亿美元的排污和环保等基础设施改造和建设、105 亿美元的通信设施建设与更新和 72 亿美元的政府办公设施改造与配备），2500 亿美元卫生保健和教育支出计划（其中包括 1550 亿美元的卫生保健支出和 1000 亿美元的教育支出），822 亿美元的低收入工人、失业者和退休者救助计划等。（3）还包括 600 亿美元可再生能源生产、住房供给、科学研究等方面进行财政支持，其中能效和可再生能源研究和投资部分为 272 亿美元，住房支持资金为 147 亿美元，科学研究资助为 76 亿美元。

---

① 2008 年通过的主要减税法案及涉及减税法案有：《紧急经济稳定法案》（EESA2008）、《房地产和经济复苏法案》（HERA2008）、《食品、储备和能源法案》（FCEA2008）和《经济刺激议案》。

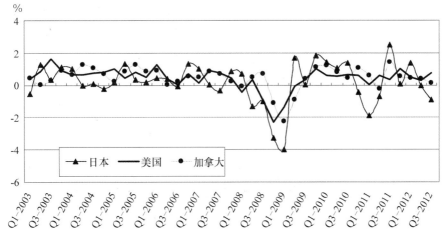

图 5 - 2　本轮经济周期以来美国、日本和加拿大经济走势

资料来源：OECD 数据库，季度数据。

巨大的财政刺激方案使美国经济迅速走出了低谷（图 5 - 2）。2009 年三季度美国经济已经恢复正增长，消费和投资不断回升到危机前水平。但是同时进行的财政支出扩张和减税使得美国政府债务迅速膨胀，除了引发经济二次探底外，已经开始严重伤害美国经济的长期增长。2011 年 8 月初，美国国会通过提高美国债务上限，标准普尔将美国国债的信用级别从 AAA 下调至 AA + ，这也是历史上美国国债第一次失去 3A 评级，AA + 评级意味着美国国债信用水平低于英国、德国、法国、加拿大等国国债的水平，国债风险上升必然会拉高实际利率，促进长期融资成本的上升，挤出生产性私人投资（详细内容将在第三节展开分析）。

二　欧洲扩大内需的主要措施

金融危机对欧盟的经济增长造成了严重的负面影响。2008 年英、德、法等欧洲主要国家开始出现经济负增长，德国经济下滑尤其明显，2009 年一季度甚至出现了超过 4% 的负增长（图 5 - 3）。受此拖累，整个欧盟 17 国的经济增长率接近 - 3% （图 5 - 4）。在救市政策上，只具有统一货币政策的欧盟基本上是一团糟，各国利益牵绊使得救援政策迟迟不能出台，各种共识达成的速度远远赶不上危机深化的速度。在《经济危机在欧洲：原因、后果及反应》中，欧盟危机政策框架被总结为危机预防、危机控制和缓解、危机解决和欧盟协调框架。就财政政策而言，强调自动稳定器、适当的财政扩张和财政平衡。具体措施包括 2008 年至 2009 年末金融危机深化时期的救市、大规模经济刺激方案和 2009 年末希腊发生债务危机后的债务救援和财政赤字削减措施。

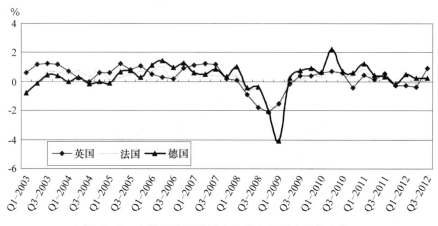

图 5-3　本轮经济周期以来欧洲主要国家经济走势

资料来源：OECD 数据库，季度数据。

2008 年 11 月 26 日，欧盟委员会提出了《欧洲经济复苏计划》，包括两个支柱和一个重要原则。第一个支柱是为经济注入 2000 亿欧元的购买力，第二个支柱取决于引导加强欧洲长期竞争力的短期行动（包括能源、低碳、基础设施和物联网等政策），一个重要原则是团结和社会正义，即各成员国要摒弃国家私利，帮助整个联盟内那些最需要的人。欧洲全球化调整基金和增速的欧洲社会基金成为解决失业者问题的主要策略。

2009 年末，希腊债务危机彻底显露，随后爱尔兰、葡萄牙、西班牙等国也纷纷陷入债务危机的泥塘，欧洲的金融危机转变为债务危机。欧盟决定采取一揽子达 7500 亿欧元欧洲稳定化机制，包括欧洲金融稳定机制 EFSM 和欧洲金融稳定基金 EFSF，对防止债务的进一步蔓延起到了积极作用。2011 年 7 月，欧元区 17 国财政部长签订了《建立欧洲稳定机制条约》，以建立长期的欧洲稳定机制（ESM），取代原先由 EFSM 和 EFSF 实施的临时任务。2012 年 3 月 2 日，除英国和捷克外的欧盟 25 国在布鲁塞

尔签订《经济货币联盟稳定、协调和治理条约》TSCG（通称"欧盟财政
契约"）以强化成员国的财政纪律。

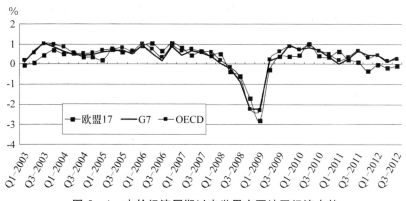

图5-4　本轮经济周期以来世界主要地区经济走势

资料来源：OECD数据库

　　总体来看，欧洲长期的福利国家体系已经基本耗尽了各个成员国，尤
其是北欧国家的财政资源。许多国家借着加入欧盟的机会，以欧元大发债
券，来继续本国的福利建设。所以在金融危机爆发后，留给各成员国的减
税或支出扩张的财政空间极其有限。欧盟的整体救市政策，与其说是在应
对危机，更不如说是在协调各成员国的利益。总体上，我们看到欧盟是在
借本次经济危机的机会来解决其内部根深蒂固的国家利益格局冲突问题，
政策的效果也很差，欧盟17国的经济衰退远远要高于发达国家（G7或
OECD）的平均水平（图5-4）。

第二节　新兴市场的反危机财政政策

　　由于新兴市场的经济基础更加脆弱，产业结构单一，经济下滑的程度
也往往较高。但是与发达经济体相比，新兴市场的福利水平低，财政资源
也更加充沛，经济体弹性好，经济恢复也较快（图5-5）总体来看，新
兴经济体由于宏观经济状况和制度环境各异，采取的救市措施也各式各
样，具有明显的本国特色。

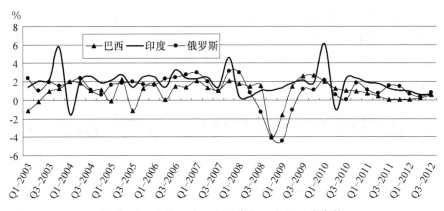

图 5 - 5　本轮经济周期以来新兴市场经济走势

资料来源：OECD 数据库

一　印度扩大内需的财政政策

20 世纪 80 年代，印度政府奉行"以大规模的财政赤字促进经济扩张"的凯恩斯主义财政政策，尽管在一定程度上促进了经济短期增长，但大量的财政赤字严重拖累了印度经济的持续增长，并最终导致了 1991 年初的印度财政危机。此后，各届政府均基于其所处现实的背景对财政政策进行调适，以有效扩大内需。

拉奥政府（1991—1998 年）主要致力于税收体系合理化，将税率大幅度削减到东盟的水平。20 世纪 90 年代，印度税制中存在的主要问题是直接税收入逐渐减少，间接税收入趋向增多，同时税收收入偏低、税基狭窄、税率偏高。1991 年 8 月，拉奥政府开始秉承有效和公正原则，拓展税基，降低税率，增加直接税收入，减少间接税收入。经过税改，直接税占GDP 份额呈现上升态势，间接税占 GDP 份额总体上趋于减少。

瓦杰帕伊政府为实现印度建设"电子强国"之梦，开始对 IT 产业进行大规模减税，不仅促进了印度软件业的发展，也促进了印度经济的快速发展。在改革措施上，对无效率的国有企业进行了清理或私有化，目的是一方面通过对无效率国有企业私有化以减少财政支出，另一方面通过整顿国有企业提高单位效益，增加财政收入。通过了《财政责任和预算管理法案》（FRBMA），促使政府对财政支出变得谨慎，不再能肆意妄为，印度的财政支出政策越来越制度化。2003 年议会通过《财政责任和预算管理法案》，初步确立 2005—2006 财年政府将经常赤字削减到零（后又延迟平衡年度），此后财政压缩就成为政府的法定的政策。

辛格于 2004 年任总理后，出于政治考虑进行财政调整，增加资本和社会支出（尤其是基础设施建设支出），大胆推动劳动力、养老金、财政部门、保险及私有化改革，实施保障农村就业计划、减免部分农民债务、增加农业信贷和强化农业基础设施建设等惠民政策。刺激财政政策的实施也给印度带来了巨额财政赤字，同时经济刺激政策仅仅是短期政策，无法解决经济运行的长期问题，政策效果不断递减。印度财政部从 2010 财年开始逐步退出刺激计划，提高将非石油产品的消费税率提升两个百分点，将原油基本关税从零回调至 2008 年 6 月之前的 5%，汽油和柴油基本关税回调到 7.5%，其他炼化产品的基本关税调升至 10% 等。

二 巴西扩大内需的财政政策

巴西作为拉丁美洲新兴市场国家的代表，对外依存度高、金融体系较为脆弱，金融危机爆发后，巴西经济陷入衰退，失业率大幅上升，工人收入水平下降，出口下滑了近四分之一。巴西的财政刺激措施，包括减税和扩大财政支出两个方面。

在减税上，首先，巴西大幅削减多种建筑材料涉及的工业产品税。包括多种建筑材料，包括水泥、油漆、腻子及绘画填充物等，政府对建筑企业的公司所得税、盈余社会缴款、社会一体化缴款和联邦社会援助缴款的"合税"给予 7%—6% 减免。其次，降低了部分机动车辆和"白色"家电产品的工业产品税税率。汽油和酒精发动机的客车工业产品税减少 8%，冰箱的工业产品税税率由原来的 15% 降至 5%；相应地，燃气灶由 5% 降至 0%，洗衣机由 20% 降至 10%，烘干机由 10% 降至 0%。再次，食品部门的相关税收获得了减免，食品部门的工业产品税税率降低为 0；小麦面粉及用小麦和预混料做成的普通面包用于销售所获得的收入不缴纳具有社会保障性质的"联邦社会援助缴款"和"社会一体化计划缴款"。最后，巴西政府针对金融市场亦进行了减税，降低消费贷款的金融交易税（从 3.38% 降到 0.38%）；缩短社会一体化缴款/联邦社会援助缴款信贷的使用期限，将"国家经济与社会发展银行"和"国家科学研究与发展项目资助署"提供信贷的金融交易税由原来的 0.38% 降低为 0。暂停对铁路部门的社会一体化缴款/联邦社会援助缴款、进口税和工业产品税进行征收，等等。

在扩大财政支出计划中，最重要的内容是巴西政府对基础行业及基础设施项目投资的追加计划。巴西政府增加了对劳动者的社会保障支出，增加对消费需求的直接刺激，还启动了一项大规模的住房保障政策。

三　俄罗斯扩大内需的财政政策

由于经济结构单一，金融危机给俄罗斯经济带来了重创，产出下降曾一度超过4%（图5-5）。危机中出现了大量中小企业裁员和倒闭，失业率快速上升。伴随着大量外资的撤离，金融市场动荡加剧。由于俄罗斯财政收入和出口主要依靠石油，石油价格下降导致财政收入剧减，外汇储备急剧缩减。

俄罗斯明显对金融危机程度的预判不足。作为一个寡头结构的国家，危机初期俄罗斯仅对单个企业救援。俄罗斯反危机工作小组对俄国经济具有重大意义的近1500家企业进行扶持，全力保障这些企业能够拿到国家订单，并实施贷款利息补贴和重组债务。俄政府具有针对性地着重解救能源企业，俄政府承诺向天然气工业公司、俄罗斯石油公司、卢克石油公司和秋明英国石油公司等企业拨款用于偿还外债，以保障经济动脉安全。危机中后期将救助重点从单个企业转为整个银行业。在金融危机持续冲击下，以外汇储备急剧缩水和资本大量外逃为主要特征的俄罗斯金融危机爆发，惠誉将俄罗斯主权信用评级下调至BBB，接近垃圾债券水平。俄罗斯的财政政策也包括减税和增加政府支出两个方面，当然还有一系列的法律措施。

减税方面。对原油出口税实行减税，将原油出口税从每吨372.2美元逐步减至每吨100.9美元，对非合金镍和铜的出口实行无税化，对氮肥和含有氮、磷、钾两个种类以上的化肥的出口实行无税化；法人税从24%下调至20%，对附加值税实行免税，提高个人所得税的住房公积金扣除额，提高减价偿还率，降低中小企业税率；对促进国内生产的原材料及机械进口实行关税减免；对铁屑、特定天然橡胶实行无税化，对起重机、升降机、卷扬机、木材加工机械、半导体制造装置、测量机器、医疗机器等实行无税化或下调至5%的关税。

财政支出方面。通过补充预算，对存款保险机构、住宅抵押融资公司等政府系统的金融机构，提供总额超过3000亿卢布的财政支援。对飞机、汽车、农工综合体、军工综合体等个别生产部门的银行融资提供政府保证和利率补贴，增加工业品出口补贴和扶持中小企业发展，增加失业救济金等超过 2500 亿卢布。

第三节　扩大内需财政政策的总结和评论

一　扩大内需的财政政策总结

前面两节总结了发达国家和发展中国家扩大内需的财税政策，这些政策具有如下特征：

（1）发达经济体的扩大内需举措大多为反危机的临时措施。经历了 20 世纪 50—60 年代的政府规模持续扩张、80 年代的大规模减税与私有化之后，发达国家对待周期性财政政策已经非常谨慎，财政平衡是其要考虑的首要问题。随着社保、医疗等"权益支出（entitlement spending）"类财政支出的快速增长，以"充分就业盈余"为核心的周期性财政政策让位于结构性财政政策（Auerbach，2006）。由于结构性支出导致财政预算赤字不断累积，难以在经济周期内实现预算平衡，周期性财政政策的空间就被大幅度压缩，宏观调控的任务让位给越来越科学化的货币政策（Taylor，2000）。美联储作为繁荣期宏观经济调控主体的地位日益突出，并且远远超过了财政部。总体上来看，目前以美国和欧盟为代表的发达经济体，在本轮经济危机中直接用于宏观调控的财政政策都具有临时性，其目的在于解决当前的经济危机问题，在财政刺激的同时已经着手准备通过结构性措施来解决长期债务和预算平衡问题。

（2）发展中国家的扩大内需的财政政策大多立足于解决本国特有的长期问题，且政策五花八门，并没有一致性。缺乏一致性的主要原因是发展中国家的制度和宏观经济运行情况各异，财政政策所具有的配置、分配和稳定功能具有不同的政策基础、功能权重和政策目标。如果在考虑到转型国家不同的所有制基础，则宏观调控措施的多样化特征就是一目了然了。从长期来看，由财政制度、税收制度、预算制度和社会意识形态导致的各国的财政支出结构，有不断向发达国家靠拢的趋势，但是解决当前的问题也刻不容缓。从这个意义上讲，反周期的财政政策是很有必要的，但是应当立足长远，着力解决结构问题。

（3）发展中国家总体的财政状况和宏观调控财政空间要好于发达国家，但是在国际经济一体化，尤其是国际金融市场的影响下，发展中国家用于周期性宏观调控的财政政策空间明显受到了发达国家的挤压。从国际债务角度来看，发展中国家的可偿债财力明显好于已经完全利益固化的发达国家，但是由于国际金融中心的区位和国际金融市场的定价者都是发达国家，发展中国家利用国际市场筹集资金的能力明显逊于同等程度财政条件的发达国家。在国际金融市场上，发达国家通过借债来维持其福利支出债务人地位，在很大程度上也铸就了发展中国家和石油国家的债权人地位。但是如果发展中国家政府也开始大规模借债，就很难找到相应的国际债权人。发达国家的财政赤字通过经济金融体系挤压了发展中国家宏观调控的财政政策空间。

二　中国扩大内需政策的评述

1. 扩大内需政策的由来

本轮经济危机爆发于次级贷款领域，但是很快演变成金融危机并深化成更加严重的就业危机和财政危机（Romer，2012）。目前的欧债危机和美国的财政悬崖就是财政危机的表现，并不排除进一步演化为政治和社会危机，因为财政关乎整个公共部门运行，后者的稳健运行是社会健康的基础。国际货币基金组织将本次经济危机命名为大衰退（Great Recession），以强调其深度足以和大萧条相并列。如此严重的经济危机，使得我们深入思考经济危机和扩大内需政策的时候，应当在更长的视野内分析其成因，以便研究本书所提的扩大内需问题。

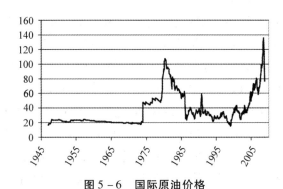

图 5 - 6　国际原油价格

说明：美元/每桶，月度数据。经通胀调整，基期为 2008 年。

资料来源：来自 West Texas Intermediate，引自 Hamilton（2009）。

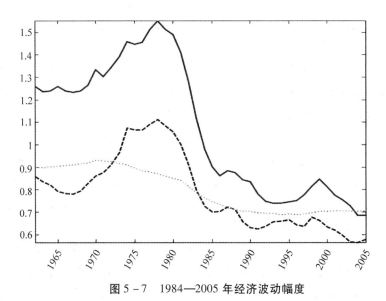

图 5 - 7　1984—2005 年经济波动幅度

说明：大稳健 Great Moderation。实线为产出，长虚线为人均工作时间，短虚线为生产率。

资料来源：Gali and Gambett（2009）。

　　随着苏联解体和东欧剧变，俄罗斯成为国际市场新增的能源供给者，石油价格稳步下降到每桶20—40美元。从20世纪80年代中期开始，世界经济进入所谓大稳健（Great Moderation）时期（Gali and Gambett，2009），主要工业国家的经济增长平稳，通胀下行（Bernanke，2004）。经济周期扩张阶段明显延长，衰退阶段变短而且更加温和。美国季度实际产出波动下降了一半以上，季度通胀率的波动则下降了三分之二。[①] 失业率的波动也呈现出类似的变化，尤其是在制造业部门（Warnock and Warnock，2000）。市场摩擦因素缩小，失业率向自然失业率靠近，经济衰退变得更加温和。

　　20世纪80年代以后所出现的全球化，在很大程度上改变了世界经济格局和国际分工体系。伴随着新一轮技术革命的开始，跨国公司国际投资力度不断加大，国际产业向东方转移的速度不断加快，国际分工体系和产业链逐步形成。垂直一体化导致的产业内贸易的出现，在很大程度上掩盖

---

　　① Gali and Gambetti（2009）的研究结果是从1948年一季度到2005年四季度，采用一阶差分的美国季度实际产出自然对数的波动率下降到了原来的44%，采用BP滤波的结果是下降到原来的47%。

了一个国家的最终消费与其生产之间的总量和结构关系，国际经济再平衡问题也就悄然产生。

中国经济的崛起就是在新的国际分工体系下实现的。对内市场化改革和对外经济开放，促使中国迅速成为国际市场最瞩目的经济明星。随着中国在 21 世纪之初加入世界贸易组织，出口对于中国经济增长的总量和结构意义越来越大，到经济危机之前，由中国使用东盟的初级产品和俄罗斯与石油国家的能源进行加工生产，并将最终产品销售到美国的国际经济体系已经形成（图 5 - 8）。中国生产结构中明显过高的工业比重，就是这种国际分工模式的证据。到金融危机发生前，中国大量的工业制成品出口已经占据了大部分的国际市场，并给中国带来了巨大的国际收支顺差和不断上涨的人民币升值压力（5 - 9）。与此同时，由于中国的国际储备缺乏足够的投资渠道，助长了美国利用其国债来为本国财政和社会福利筹资的消费模式形成。从国家间比较可以看出，2004—2008 年以来，在国际货币基金组织所列的国家中，中国私人消费占 GDP 的比重最低，而且远远低于其稳态增长预测值，属于明显的消费不足。美国则相反，消费比重则最高，属于过度消费（图 5 - 10，5 - 11）。美国的私人和政府消费，成为拉动中国的经济增长的重要力量。实际上，不仅消费如此，与出口有关的投资，也是上一轮经济周期中国经济增长的重要驱动力量。

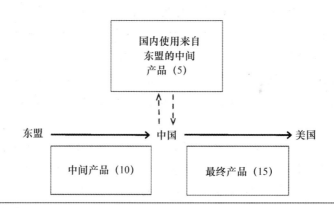

图 5 - 8 纵向一体化与国际贸易

资料来源：IMF（2010）。

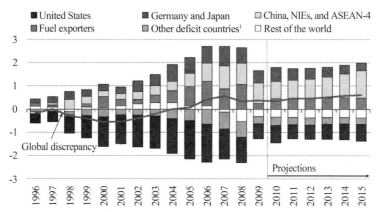

Sources: IMF, WEO database, and staff projections.

¹ Other deficit countries include Bulgaria, Croatia, Czech Republic, Estonia, Greece, Hungary, lreland, Latvia, Lithuania, Poland, Portugal, Romania, Slovak Republic, Slovenia, Spain, Turkey, and United Kingdom.

图 5 - 9　国际收支再平衡

资料来源：IMF（2010）。

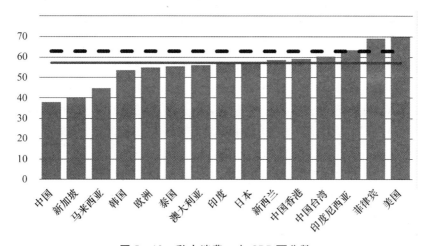

图 5 - 10　私人消费：占 GDP 百分数

资料来源：IMF（2010），2004—2008 平均。虚线是新欧洲与拉丁美洲平均值，实线是 OECD 平均值。

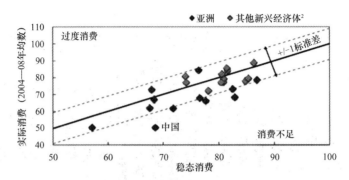

资料来源：国际货币基金组织工作人员估计。
1 采用国际货币基金组织汇率问题磋商小组（CGER）宏观经济平衡法中的储蓄-投资（S-I）平衡数据。
2 其他新兴经济体包括阿根廷、巴西、智利、哥伦比亚、埃及、以色列、墨西哥、摩洛哥、巴基斯坦、秘鲁、南非和土耳其。

图 5 - 11　全球失衡：占世界 GDP 的百分数

资料来源：IMF（2010）。

　　2008 年金融危机爆发后，原有的全球需求体系突然瓦解（国际货币基金组织，2010）。美国和欧盟等发达国家在财政救助后爆发的债务问题，使其迅速从金融危机深化为债券危机。住房和股票等资产市场的崩溃，严重影响了美国居民和政府的资产负债，美国居民终身收入受到了财富效应的巨大影响，原有的借贷消费已经难以为继。正是这种居民生活方式的转变，是本次危机成为"大萧条"以来最严重的危机，其对于美国居民的影响也将达到或者超过一代人。正是以美国为代表的来自发达国家的外需萎缩，倒逼中国扩大内需，这也是中国自 1998 年东南亚金融危机以来第二次出台扩大内需举措。从前面的分析已经得出，中美在本轮结构性调整中需要关注的再平衡方向是相反的。从本国供求均衡的角度讲，中国是消费不足，美国是消费过度。按照经济学的基本理论，消费是生产的最终目标，也是最终需求，而投资则形成最终供给。那么从总量平衡的角度来看，美国的消费过度意味着增加投资有利于总量平衡，而中国的政策措施则应当是减少投资，至少从比较静态意义上讲。

　　美国政府所推行的一系列财政刺激措施，很多与增加经济的供给能力有关。[①] 企业所得税减免和延长折旧抵补，基础设施投资，可再生能源生

---

　　① 尽管如此，美国学术界批评 ARRA 的呼声渐起。Mulligan（2012）通过计算发现大规模的财政支出，直接降低者失业者找工作的努力动机，促使数百万美国人更长时间的保留在失业者队伍中。

产、住房供给、教育支出和科学研究等，具有的含义尤其明显。当然美国也有一部分"扩大内需"的措施，包括个人所得税减免、卫生保健、低收入者、失业者、退休工人救助等，其主要含义并不是周期性财政措施，更多的是结构性措施，这些措施也将是美国的再平衡难度加大，就像当前的财政悬崖一样。更重要的是，与中国政府所掌握的大量生产性资源和国有企业等相比，美国政府增加总供给缺乏直接措施，只能从财税的角度来补贴供给者。

与美国政府相比，中国政府2009年所推行的投资计划令世界瞩目，也使得中国最早从经济危机中复苏。2009年中国新增贷款9.59万亿元，比上年增加4.69万亿元。这些信贷极大地促进了中国经济总供给能力的增加，但是也形成了更加严重的再平衡问题。

（1）提高了市场利率和企业融资成本。2008年以来，外需的下降促使中国出口企业业绩大幅度下滑。在利润增长受阻乃至负增长和亏损的情况下，企业保持生存的主要政策优惠来自融资成本和税收成本的下降。从实际的结果来看，以企业缴纳的间接税为主体的宏观税负不降反升，标志着企业税收成本的上升。政府推行的大量投资计划，虽然有助于为企业产品创造新的国内市场，但是从资金成本上讲，政府大量投资的结果必然是大量增加贷款需求，提高市场利率，使得出口工业企业更加难以生存。2009年底以政府城投平台拉动的大量资金需求，直接造成了整个国内金融市场的资金饥渴和利率（SHIBOR）上升，而后者正是影响财政政策支出乘数与挤出效应的核心。成本上升所导致的投资不足，将严重损害中国经济增长。

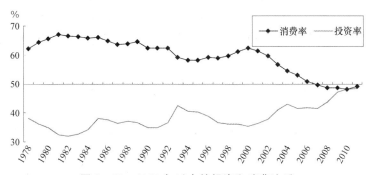

图 5 - 12　1978 年以来的投资和消费比重

资料来源：《中国统计年鉴（2012）》。

（2）经济结构进一步恶化。长期以来，中国经济的再平衡问题主要表现为投资过度，消费不足，而此次再平衡的关键也在于提高消费比重。2009 年以来，随着大规模投资计划的实施，投资占国民经济的比重快速上升，消费比重则进一步下降。2010 年消费率降到了改革开放以来最低的48.2%，消费对于经济增长的贡献降到了 37%，同时投资对于经济增长的贡献则达到 54.8%。经济结构扭曲进一步加重，并带来了明显的社会福利损失（李稻葵等，2012）。再平衡问题进一步加速，致使中国政府必须依靠发行更多的货币，来弥补顺差所带来的人民币升值压力，为 2011 年的通货膨胀埋下了伏笔。

（3）通胀再起，政府管制滥用。相对于 1998 年那次扩大内需的政策，2009 年以来的宏观调控带来了更加严重的通货膨胀。在全球通缩的背景下，2011 年全年的通货膨胀率达到 5.4%，为了控制物价，"发改委约谈"等形式的物价调控措施不断出现。企业的产品价格不允许上调，为了保持目标利润率，企业只能在价质折中之间重新选择，以较差或较少的分量来应对。虽然起到了一定的通胀预期管理作用，但是导致 CPI 等最重要的宏观经济变量失真，也严重影响了市场配置资源的能力。在真正的危机面前，救助是应该的，但成本是高昂的（Romer，2012）。

（4）加快了结构性减速的到来。由于劳动力供给（蔡昉，2010）、土地资源和石油供给等供给基本面的限制，加上原有的出口产品市场已经接近饱和，中国保持原有增长率的内外部环境已经不再具备。长期减速区间已经到来，本次大规模刺激后经济增长率的二次下滑，是因为中国不仅仅遇到了周期性减速，更遇到了结构性减税导致的长期潜在产出的下降。出现长期减速的供给面原因是资源限制，需求面原因是市场份额难以扩张，本轮财政刺激所代表的供给面措施，从两个方面都恶化了中国面临的宏观经济基本面，加速了结构性减速的到来。

综上，本章的结论是：由于国际经济危机和国内生产要素成本的持续上升导致中国工业国际竞争力和比较优势受到竞争者的严重挤压，针对中国供过于求和国际收支顺差的基本事实，工业企业的利润空间已经非常有限，长期增长减速已经到来。此时若采用投资刺激，必然会拉高资金成本，进一步损害工业企业的营利能力。这些内容，已经成为今天众所周知的中国经济"三期叠加"中的"政策消化期"，是造成当前中国经济下行和持续减速的重要原因。从国内供求平衡的角度出发，投资刺激财政刺激的主方向应当从投资刺激转向消费刺激。

第 六 章

政府收入结构与扩大内需的税收政策

消费是一个国家经济发展的持久动力，扩大消费需求是实现中国经济平衡和稳定发展的关键所在。在当前中国经济增长遭受结构性长期减速的背景下，消费需求的总量和结构将逐步成为中国经济发展的引导力量。

第一节 政府收入结构

只有界定了政府，才能界定政府收入。从世界经济发展的基本脉络来看，政府是一个不断变化的动态观念，对于政府的规定具有明显的体制和时代特征，这就使得我们必须在特定的时间和动态演变趋势中去观察、理解"政府"和"政府收入"。从市场经济的发展来看，自由放任经济时代要求政府做好"守夜人"的职责，对于政府的经济动能基本没有强调。随着资本主义经济危机不断爆发，宏观经济管理的职能越来越得到强化。"大萧条"的出现，从经济思想史上确立了凯恩斯所强调的政府宏观调控职能的不断强化，英国政府在 1944 年的《就业政策》白皮书承诺维持一个"高而稳定的就业水平"、美国 1946 年的《就业法》要求政府致力于追求"最高限度的就业水平、生产能力和购买能力"，马斯格雷夫所强调的财政宏观稳定职能就是在这个背景下提出的。1973 年"凯恩斯共识"崩溃后，反凯恩斯学派认为政府规模已经过大，政府与市场的边界模糊不清，政府支出缺乏效率，高税率抑制了人们的生产动机。2008 年金融危机爆发后，尽管理论界的争议不断，大规模的救助计划又重新模糊了政府和市场的边界，政府的经济动能重新得到强化。从整个 20 世纪来看，宏观税率和政府规模是一个不断扩张的过程。在现代政府支出结构中，具有明显转移支付特征的用于构筑社会安全网的社会保障支出，已经远远超过了传统意义上的司法、军事和政府自身消费，所有的政府都在或快或慢地向福利政府时代过度。

一　改革与发展中的"政府"演变

对于中国现有的状况来说，我们强调改革和发展两种因素对于政府边界动态变化的影响。从经济发展角度来看，对比一个欠发达国家和一个发达国家，从财政的角度首先就能发现宏观税负上所存在的巨大差距。按照财政发展假说，以财政来表现的政府功能随经济发展而演变。图 6-1 是世界银行开放数据库中 137 个国家经购买力评价调整的人均 GDP 与政府支出水平之间的横截面关系，较好地验证了以宏观税负为代表的政府相对规模随经济发展而呈现的系统性扩张。[①] 从这个意义上讲，经济发展的过程就是政府规模扩张的过程。经济发展过程中，不但政府的规模越越来越大，政府与市场的边界也越来越模糊。斯密时期所宣传的"守夜人"政府在发达国家已经难觅其踪，随着城市化和人口集中所出现的私人与公共部门之间在地理上的融合，也在产权上带来了政府与市场的新融合和"公共治理"问题，传统市场中政府和市场部门之间"非此即彼"的清晰关系已经不复存在。正是因为经济发展给政府规模和边界所带来的影响，我们研究和界定政府的经济功能，必须固定某一个时间点。但是要进行中长期的改革政策，就必须保持动态眼光。

从改革的角度来看，从计划经济向市场经济转型的过程，又是一个政府规模不断缩小、市场和政府边界越来越明晰的过程。在计划经济时期，从一般意义上的公共部门，到私人产品供给的每一个环节，从生产大队到国有企业，再到工业品、副食品农产品流通，政府以直接参与初次分配和再分配的形式包办一切。宏观调控基本没有必要，也无所谓财税政策。在政府设定价格的前提下，只要改变商品的差价和比价体系，控制相应的计划指标就能够实现既定的收入和发展目标。向市场经济转轨的过程的实质，是政府要逐步放弃手中的生产性可盈利资源，让利于私人经济发展，以控制生产型资源来获取收入为特征的"生产型政府"向现代市场经济中依靠现代公共收入体系的"公共政府"过渡，从以国有企业利润为核心的"建设财政"和"公有制财政"向以税收为主体的"公共财政"过渡。由

[①] 为了数据更加集中，在有数据的 145 个国家中清除了部分过于离散的数据。删除了宏观税负小于 10% 的四个国家和宏观税负高达 62% 的赞比亚，删除了人均 GDP 超过 4 万国际元的四个国家，科威特、卡塔尔、阿联酋和卢森堡（其中三个是石油国家，不具经济发展的一般特征）。

于功能的转变，这个转型过程伴随着政府规模相对变小、政府与市场边界的明晰化。从这个意义上讲，界定政府和政府收入也要与相应的转型时间相对应，作出的政策分析与改革过程相适应。

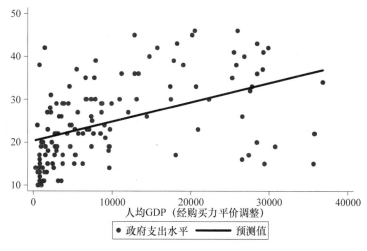

图 6 - 1　经济发展与政府规模

资料来源：世界银行开放数据库，1991—2010 均值。

在这两种方向截然相反的动态变化过程中，本书界定政府的原则是现实性和前瞻性。在现实性上，强调对于政府的界定要与既有的财政收支事实相对应，同时适当注意历史因素，尤其是改革因素对于现有事实和发展方向的影响。在前瞻性上，我们所分析的政府政策与经济发展和经济体制改革相适应，强调制度的惯性，看重市场化改革的方向和经济可持续发展。

二　现阶段的政府和政府收入

我们从市场经济开始。国际货币基金组织《2001 年政府财政统计手册》中将公共部门分为各级政府部门和公共法人机构。其中公共法人机构主要分为两类：非公共金融法人机构与公共金融法人机构，后者包括货币主管当局（中央银行）和非货币金融公司。其中各级政府部门包括由政府控制，并主要由政府提供资金的所有政府单位和所有非市场非营利性机构（NPI）。政府部门是不在市场生产者之列的所有公共机构单位，它不包括公共法人机构。① 与市场组织的营利性特征相比，政府组织的典型特征是非营利性——只准许以公允的成本价格向市场提供服务。

　　我国大量的事业单位和国有企业都游走在政府组织和市场组织的边缘，很难说是非政府组织，也很难说是非营利组织（黄佩华，2004）。一方面，事业单位和国有企业具有营利动机，另一方面，他们向财政缴纳非税收入同时获得政府的财政支出，用于职工工资和行政事业费，同时像政府机构一样保持着特定的行政级别。经过 30 年的改革，国有企业的政府组织特征正在逐步消失，但是滞后的人事管理制度和政府与国有企业的非正规财政联系依然明显存在。事业单位具有明显的转型色彩，按照分类改革的要求，许多事业单位正在经历从计划经济时代政府的"后花园"向自收自支的市场经营实体的转变，如实施"企业化"改革之前各部门所属出版社、设计院，广电部门所属的电台、电视台的广告业务等，财政资源集中于供给非企业化的所谓的事业部分。部分事业单位属于特定行业的市场主体，具有营利动机和营利空间。同时，许多事业单位需要向其所属部门上交部分事业收入，而财政支出中又有相应的部分用于事业单位，尤其是事业单位的工资和行政事业经费。这在当前的文化产业发展中表现得更加明显，但是文化产业和文化事业的边界依然模糊，政府资金收支有待规范。我们对事业单位的判断，以公共财政资金收支为标准。从统计口径看，在中国人民银行的"人民币信贷收支表"中以事业单位为主体的"机关团体存款"已经是"政府存款"的主体。

　　我国 2007 年出台的《政府收支分类科目（2007）》将收入分为税收收入、社会保险基金收入、非税收入、贷款转贷回收本金收入、债务收入和转移性收入共六类。其中非税收入包括政府性基金收入、专项收入、彩票资金收入、行政事业性收费收入、罚没收入、国有资本经营收入、国有资

---

① 联合国 1993 年《国民账户体系》中将各级政府定义为下述常设机构和单位：中央、州（邦）或地方政府的所有单位；所有预算外资金单位，包括各级政府的社会保障基金；由政府单位控制，并主要由政府单位提供资金的所有非市场、非营利性机构。其中非市场、非营利性机构是指为生产非市场货物与服务而设立的法人或社会实体，这些法人或社会实体不得为那些设立和控制它们以及为其提供主体资金来源的单位获取收入、利润或其他经济利益。如果其绝大部分产出不是按照具有显著经济意义的价格出售，那么就属于非市场生产者（具有显著经济意义的价格指那些对生产者愿意提供的数量或者购买者愿意购买的数量产生显著影响的价格）。公共法人机构是由政府拥有或控制，从事货物或服务生产并按具有显著经济意义的价格在市场上出售其产品的法人。公共法人机构是市场生产者（张斌等，2013）。

源（资产）有偿使用收入和其他收入八款。按照预算管理模式，中国现行的政府收入分为一般预算收入（包括税收收入和一般预算非税收入）、政府性基金收入（含土地出让收入）、纳入财政专户管理的预算外收入、未纳入财政专户管理的预算外收入四类。其中一般预算收入和政府性基金通常被称为纳入预算管理的政府收入。政府收支分类中各类收入有不同的预算管理模式，如税收收入全部在一般预算收入中，社会保险基金收入纳入财政专户管理。非税收入的情况则比较复杂，一般预算、政府性基金预算、财政专户和未纳入财政专户管理四种模式同时存在。

三 中国的税收收入构成

1994 年分税制改革以来，我国的税种分类主要包括流转税类、所得税类、财产税类、资源税类、特定目的税类和行为税类六大类税收。根据最新修订的税法规定，目前由税务部门负责征收的税种主要有 15 项，分别为增值税、消费税、营业税、企业所得税、个人所得税、资源税、固定资产投资方向调节税、城市维护建设税、房产税、印花税、城镇土地使用税、土地增值税、车船税、车辆购置税、烟叶税等。

表 6 - 1　　　　　2007—2011 年我国财政和税收收入的主要情况　　　单位：亿元，%

	年 份	财政收入	税收收入	国内增值税	国内消费税	营业税	企业所得税	个人所得税
总量	2007	51322	45622	15470	2207	6582	8779	3186
	2008	61330	54224	17997	2568	7626	11176	3722
	2009	68518	59522	18481	4761	9014	11537	3949
	2010	83102	73211	21093	6072	11158	12844	4837
	2011	103874	89738	24267	6936	13679	16770	6054
比例	2007		88.89	33.91	4.84	14.43	19.24	6.98
	2008		88.41	33.19	4.74	14.06	20.61	6.86
	2009		86.87	31.05	8.00	15.14	19.38	6.64
	2010		88.10	28.81	8.29	15.24	17.54	6.61
	2011		86.39	27.04	7.73	15.24	18.69	6.75
	平均		87.73	30.80	6.72	14.82	19.09	6.77

资料来源：《中国统计年鉴（2012）》，其中税收比重是指税收在财政收入中的比重，其他比重是其他各税收在税收总量中的比重，平均值为算术平均数。

2011 年度全国税收收入总量为 89738 亿元人民币，占当年财政收入 103874 亿元的 86.39%。其中，国内增值税收入 24267 亿元，占整体税收的 27.04%；营业税收入 13679 亿元，占税收收入的 15.24%；消费税收入 6936 亿元，占整体税收收入的 7.73%；企业所得税收入 16770 亿元，占整体税收收入的 18.69%；个人所得税收入 6054 亿元，占整体税收收入的 6.75%。企业所得税和个人所得税两项所得税税收收入合计 22824 亿元，占整体税收收入的 25.44%。近五年来，上述五大税种占税收收入的比重为 78.20%，如果考虑到进口增值税，则超过 90%。

四　政府收支体系改革及其方向

政府收入和预算管理类别在随经济体制尤其是财政管理体制改革而不断演化，政府收支体制改革决定了中国财政政策演化的主基调。本书对于财政政策的强调，遵循中国财政体制和财政管理体制的主方向。在计划经济向市场经济转轨的初期，为鼓励各政府部门和地方政府采用各种形式筹集收入，政府出台的各种非税收入政策为缓解政府职能部门和地方政府财力缺口，促进各项经济社会事业发展起到了重要作用，但也造成了政府收入体系和国民收入分配秩序的混乱，"费大于税""乱收费、乱摊派、乱罚款"的情况愈演愈烈。随后，政府开始进行治理三乱、费改税、对预算外收入实行"收支两条线"管理等一系列治理措施，加大政府收支分类改革、国库集中支付、加大部门预算改革的力度，政府各项收入管理开始走向规范化。然而在政府没有完全转型的情况下，土地财政、国有企业利润分配、社会保障等新问题逐步显现。

"十一五"以来，财政部门实施的与政府收入体系有关的改革包括：（1）政府收支分类改革。2007 年开始实施的政府收支分类改革，比较全面地反映了政府收入的来源、性质和构建现代"服务性政府"所要求的支出重点方向。（2）清理取消非税收入，加强对非税收入的征管。在全面清理非税收入项目、取消执收部门和单位收入过渡账户、规范执收行为的基础上推进行了"单位开票、银行代收、财政统管"的非税收入征管方式改革。（3）推进部门预算和综合预算。以部门预算为基础，将政府部门及其所属事业单位的所有收入纳入了部门预算，增强了财政资金在各部门统筹使用的力度。（4）将预算外资金纳入预算管理。加大推进财政专户管理政府资金方纳入预算管理的力度，土地出让收入、彩票公益金纳入政府性基金管理，大量行政事业性收费项目纳入一般预算或政府性基金管理，并制订了 2011 年将非税收入全部纳入预算管理的计划。实施成品油价税费改革，通过提高成品油消费税单位税额，相应取消了公路养路费、航道养护费、公路运输管理费、公路客货运附加费、水路运输管理费、水运客货运附加费等六项收费，并规定逐步有序取消政府还贷二级公路收费。将非税收入转变为税收收入，促进了政府收入结构的完善。（5）推进国有资本经营预算，按照有关规定，将国有资本收益具体划分为国有独资企业应交利润，国有股股利、股息，国有产权转让收入、企业清算收入和其他国有资本收益五项。（6）中央代发地方债券。2009 年由财政部代理地方政府发行 2000 亿元地方政府债券，成为建立地方政府规范化的融资渠道和完善地方政府收入体系，控制地方各种隐性债务和或有债务风险的有效举措。

现行政府收入体系存在的问题：（1）需合理确定政府收入范围。公立机构的收入，如公立学校的学费收入、电台电视台的广告收入、公立医院的诊疗费收入是否应计入政府收入，如何区分非市场非营利组织和公共法人机构，是当前中国政府收入统计时面临的重要问题。（2）政府收入中非税收入的比重偏高，但社会保障收入的比重较低。2008 年中国税收收入占 GDP 的比重为 17.27%，不包括债务收入的各类非税收入占 GDP 的比重约为 13.25%，是税收收入的 76.75%，远高于发达国家的平均水平。2008年社会保障缴费收入占 GDP 的比重为 3.90%，与发达国家约 10% 左右的比重相比相对偏低。（3）地方政府收入结构不合理，隐性债务风险大。受《预算法》的约束，地方政府没有规范的渠道进行举债，地方融资平台实际成为地方政府获取基础建设资金的主要渠道，地方融资平台债务不透明，导致地方政府债务风险增加。（4）政府收入中专款专用的收入比重偏高。2008 年政府性基金、社会保障收入（扣除财政补贴）、预算外收入、一般预算中专项收入合计为 36066.7 亿元，占政府收入的比重为 37.63%，占 GDP 的比重为 11.48%。专款专用收入与统筹使用收入的背后是各政府部门对财政资金的分割使用，大量专款专用收入的长期存在，不利于随着政府职能调整而适时进行财政支出结构的调整，形成了财政资金分配固定化、部门化的倾向。（5）国有资本、国有资产（资源）收入有待加强。2009 年中央收取的中央企业国有资本经营收益为 388.74 亿元，仅占当年中央企业利润的 4.12%。国有资产（资源）使用收入偏低，大量矿产资源和特许经营权未经公开拍卖而转化为政府财政收入，而通过划拨或低价转让的形式流入企业。（6）各项收入的预算管理模式有待完善。各项政府收入，尤其是非税收入所依据的法律层次过低，各项政府性基金、专项收入仅依据国务院甚至某些政府部门的行政规章设立，大量政府收入被各政府部门分割使用，限制了各级人大作为立法机构在审计预算、监督政府收支中发挥作用。

"十二五"时期的政府收入体系改革的目标主要包括以下三个方面：（1）完善政府收支统计体系。探索建立以权责发生制基础的政府收支及资产负债统计体系，推进政府资产负债表等重要基础表报的编制。（2）调整政府收入结构。提高税收收入、社会保障收入、国有资本经营收益、国有资产（资源）使用收入在政府收入中的比重；相应降低行政事业性收费、各种专项收入和政府性基金在政府收入中的比重。应适度提高财政统筹资金的比重，相应降低专款专用收入的比重。完善地方政府税收体系建设、建立规范的地方政府债务融资渠道，降低地方政府对土地出让收入的依赖。（3）完善政府收入的分类预算管理制度。形成覆盖政府所有收支的预算体系，建立健全政府公共预算、政府性基金预算、国有资本经营预算和社会保险预算制度。根据政府收入的不同性质，建立分类预算管理制度。逐步提高政府收入项目的法律级次，落实各级人民代表大会的预算审议和监督权。

第二节　政府收入影响内需的作用机制

政府、居民和企业并列为国民经济内需形成的三个基本部门。因为内需是一个严格的统计核算概念，因此三个部门的结构间存在着此消彼长的关系。如果我们以居民部分为研究对象，首先政府的收入总量会影响居民和企业在国民收入中的比重。分税制以来中国政府收入的快速增长，直接挤压了居民和企业部门在国民收入中的份额。对资金流量表的分析表明，1992—2005 年间，居民部门在全国可支配收入中的占比 1996 年达到最高，此后逐年降低，截至 2005 年，总共下降了 12.72 个百分点。在初次分配阶段，居民部门下降了 10.71 个百分点，而企业和政府部门则分别上升了7.49 个和 3.21 个百分点；在再分配阶段，居民和企业部门分别下降了2.01 和 1.16 个百分点，政府部门则上升了 3.17 个百分点（白重恩、钱震杰，2009）。初次分配和再分配中政府部门占比的迅速上升，是导致居民部门分配份额受到压缩的重要原因。但是政府收入并不是由政府本身所消费，其所进行的公共产品供给和转移支付也都具有重要的收入分配含义。也就是说，我们在关注宏观税负之余，还应该关注财政支出结构和方式。根据 OECD 的数据，美国 2008 年不包括社会保障缴费的税收收入占 GDP 的比重为 19.5%，与中国 2010 年的水平大体相当。但是美国居民最终消费的比重为 70%，是中国居民消费率 33.8% 的两倍多。不仅如此，中国的居民最终消费率还远远低于其他有更好宏观税负的国家，如英国、德国和法国（图 6-3）。

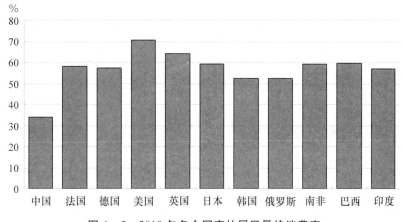

图 6-3　2010 年各个国家的居民最终消费率

资料来源：表 1-3。

　　税收是一个国家宏观经济制度的重要组成部分，其所塑造的制度环境是微观主体行为决策的重要依据。在居民收入份额既定前提下，税收主要通过对居民具体消费行为的影响发挥作用。如果将税收与支出联系起来，从而将财税政策视为一个整体进行考察，扩大消费需求政策的基本作用机制是：在政府取得收入的环节，应让边际消费倾向较低的高收入阶层承担更多的税负；而在政府支出的环节，转移性支出、政府投资和政府消费都应尽可能向边际消费倾向较高的中低收入阶层倾斜，从而通过直接增加居民收入（如最低生活保障）、改善消费环境（公共支出与私人消费的互补性）、直接替代部分私人消费（如中小学免费午餐）以及提高居民消费预期（建立完善的社会保障体系以降低储蓄动机）等方式促进居民消费的增加。实际上，扩大消费需求的政策与调节居民收入分配政策具有高度的一致性。而要充分发挥财税政策在扩大消费和调节收入分配中的作用，政府就需要保持必要的收支规模。在这个意义上，总量层面宏观税负水平高低的讨论必须要与政府职能及其收支结构联系在一起讨论才可能得到有价值的结论。

如果不考虑政府支出和由政府支出决定的宏观税负总水平变动的影响，在税收总收入一定的情况下，税制结构对居民消费的作用主要体现为以下几个方面：第一，税收通过影响居民可支配收入对消费间接发挥作用。对居民收入课征的税收主要是所得类税收，由于居民获取收入后将收入在当期消费和储蓄之间配置，所以所得税相当于同时对消费和储蓄征税。在边际消费倾向递减规律作用下，如果所得类税收主要由高收入阶层承担，高收入阶层可支配收入的下降对消费的影响相对较少。第二，税收通过影响消费品价格对消费发挥作用。理论上，如果税收增加了，这些税收的全部或部分作为成本导致消费品价格上升的部分由消费者承担从而影响消费。对资本所得的课税，是从收入来源的角度对已实现资本收益的征收，往往与对劳动报酬的课税并列，用来反映资本与劳动两大要素收入的税负。第三，税收通过对不同消费品的差别征税影响消费结构。如果将消费品分为生活必需品和非生活必需品，不同收入水平的消费者这两类消费品的消费结构是不同的。中低收入消费者生活必需品消费的比重较高，如果通过降低生活必需品的税负降低这部分消费品的价格，同时通过对高收入阶层征收所得税弥补减少的税收并保持支出结构不变，那么在中低收入阶层收入不变的情况下也会增加消费。降低生活必需品税负导致的收入下降也可以通过增加高收入阶层奢侈品的税负得以补偿。第四，税收通过降低储蓄增加消费。在收入和消费价格不变的情况下，如果能够降低居民的储蓄也能够增加居民用于消费的资金总量从而扩大消费。要弱化居民的储蓄动机，首要的是建立完善的社会保障体系，尽管这主要是政府支出的责任，但专款专用的社会保障税在覆盖范围、税负水平和税负分配方面的公平是社会保障制度有效运用的重要基础，对于具有保险性质的社会保障项目尤为重要。此外，如果能降低居民自住所需购买住房的税费从而有针对性的降低特定类型住房的价格，也会降低居民储蓄的动机从而增加其用于其他消费的支出。

现行税制结构对消费的抑制作用主要体现在以下三个方面：（1）居民个人取得收入后，将收入配置为消费和储蓄（投资），在收入环节课征个人所得税相当于对消费和储蓄（投资）同时征税，而流转税则主要对消费征税。消费环节税负较重而收入环节税负较轻，将刺激居民将收入用于储蓄，而不利于扩大消费需求。（2）由于边际消费倾向递减，随着收入的提高，消费占收入的比重不断下降。2009 年占城镇居民 10% 的最低收入户消费占可支配收入的比重为 93.29%，而 10% 最高收入户该比重只有 61.94%。[①] 以流转税为主体的税制结构使整体税制具有明显的累退性特征。（聂海峰、刘怡，2010）这种状况不仅抑制了消费，也不利于收入分配的调节。（3）按照 WTO 规则，出口商品的流转税可以退税，而所得税无法退税，因此税制结构的差异会对出口商品的成本结构造成影响。以流转税为主体的税制结构会形成对出口实质上的刺激，不利于内外需的均衡。（张斌、高培勇，2007）

第三节　扩大内需的政府收支政策

和所有国家的政府一样，中国政府收入的主体是税收收入。与其他国家不同的是，中国政府的税收收入以间接税，尤其是增值税为主。1994 年分税制改革后，工业企业所缴纳的增值税迅速成为中国最主要的税种。在当前营业税改征增值税的背景下，这个典型特征被进一步放大。间接税是直接进入产品成本的制度因素，其本身不利于工业企业竞争力的提升，也不利于改善收入分配结构和经济稳定。

一　宏观经济政策的方向要从需求管理走向供给激励

在改革开放以来的中国经济周期调控政策中，只有两次调整的内容是防止经济下滑，其余的均是抑制中国特有的宏观经济过热。在 1998 年应对东南亚金融危机和 2008 年应对国际金融危机的两次宏观调控政策中，通过财政扩张来扩大内需的基本政策走势暗合了传统凯恩斯经济学对于通过财政支出扩张来进行的需求管理。尽管宏观经济调控是马斯格雷夫定义的财政政策的传统三大功能之一，但是从发达国家已有的经验来看，单纯

[①]　数据来源：《中国统计年鉴（2010）》。

的需求管理在导致微观经济主体创新的活力逐步消失。

　　第二次世界大战后，与西欧国家一样，被称为自由市场模式和创新资本主义典范的美国也经历了长期的财政扩张。财政支出占 GDP 的比重从 20 世纪 50 年代初的 20%，稳步增加到 20 世纪 90 年代的 35% 左右，40 年的时间增加了 15 个百分点。财政扩张使美国经济的平均增长率的增长保持在高位水平：从大萧条十年的 1.31% 增加到 20 世纪 40 年代的 6% 左右。第二次世界大战结束后的两个十年内，美国经济的平均规模增长率保持在 4% 左右，这几乎是其长期增长率的 2 倍。但是伴随着政府规模扩张带来的是通货膨胀的长期化倾向，从 20 世纪 50—60 年代的 2% 的爬升到 70 年代 6.44% 且趋于恶性化，导致整个 70 年代居民消费价格翻了一番。

表 6 - 1　　　　　　　美国政府规模与主要经济指标和幸福指数　　　　　　　单位:%

时期	通货膨胀率	经济增长率	幸福指数	政府规模
1930—1939	-2.20	1.32	3.52	14.28
1940—1949	6.04	5.99	-0.05	24.12
1950—1959	2.15	4.17	2.02	21.75
1960—1969	2.14	4.44	2.30	24.70
1970—1979	6.44	3.26	-3.18	29.20
1980—1989	5.09	3.05	-2.04	32.14
1990—1999	2.42	3.20	0.78	32.33
2000—2009	2.21	1.73	-0.48	30.96
2010—2011	2.17	2.10	-0.07	36.29

　　资料来源：美国经济分析局 BEA。

　　说明：经济增长率、通货膨胀率和幸福指数和政府规模每十年计算平均值，幸福指数等于经济增长率减去以 CPI 表示的通货膨胀率。数据来自美国经济分析局 BEA。

　　到 1980 年里根当选总统时，美国的 CPI 增长已经超过 10%，经济出现负增长正是由于财政扩张所导致的需求过旺，通胀导致的投资机会减少和非指数化的勒紧结构下各种税率普遍上升，家庭的新增收入大部分流向了政府，市场已经很难再找到投资机会，经济体供给能力开始下降，滞胀格局基本形成。正是由于财政扩张导致的通胀持续高涨走向不可控，20 世纪 70 年代的美国国民的幸福指数降到 20 世纪最低的 -3.18%，永久地告别了 50—60 年代 2% 左右的正值。民众和经济学家已经不再相信通胀是由于供给面因素所致，而是将其指向了总需求（费尔德斯坦，2001）。

伴随着里根以放松管制、推动市场化改革的供给经济学政策实施，美国经济在 1982 年开始重新步入健康增长，通货膨胀率逐步下降，开始逐步走出滞涨。20 世纪 70 年代当美国经济学家和政策界尚未就宏观经济政策改革达成一致意见时，经济理论研究中已经开始出现明显的变化：凯恩斯主义宏观经济学和干预主义微观经济学走向衰落，亚当·斯密时代兴起的市场导向经济学取而代之并开始对宏观经济政策产生越来越大的影响。

在里根的直接影响下，20 世纪 80 年代美国宏观经济政策发生根本性变化，表现为从需求管理转向供给面激励，政府的任务则从需求管理转向反托拉斯和管理规制，这些政策都明显强化市场，最大程度地鼓励竞争，关注财政和货币刺激行为、财政预算赤字和公债的负面结果，关注资本形成，强调资源配置效率。具体来看包括扩大联邦基金利率的市场自由调整空间，税收等级指数化以消除通胀对于实际税率的影响；削减资本收益税，扩税基、降税率、统一税基[①]，并认为此举可以在拉弗曲线的递减区间内，通过降低税率来增加税收收入（这一点清楚的表现在 1981 年的经济复兴税收法和 1986 年进一步降低边际税率的税收改革法中）；减低国防支出增速，增大社会保障和社会福利支出比重等（费尔德斯坦，2001）。美国政策转向后，经济增长逐步步入常规轨道，通货膨胀得到了明显的抑制，国民幸福指数逐步恢复到正增长的状态，最终导致了近 30 年来 "大稳健" 的出现。

我们并不是像供给经济学那样一味的要求减税，一味地信奉拉弗曲线。即使拉弗曲线存在，削减税率并不一定能带来税收收入的增长，尽管我们的个人所得税边际税率已经超过实践所要求的 40%。主要是因为个人所得税在中国占比过低，减税的意义也不大，但是我们强调为公司减税，削减公司经营的直接制度成本。

二　完善财税体制改革，实现效率与公平的携手并进

财税制度是一个国家正式制度的核心部分，直接涉及政府、市场、企

---

① 20 世纪 80 年代开始美国的个人所得税税率出现明显下降，边际最高税率从 70% 削减到 10 年后的低于 35%，中产阶级的边际税率下降了 1/3，个人投资收入税率下降（费尔德斯坦，2001）。

业和居民之间的关系。财政预算和决算要通过全国人大审核，财税立法需要由全国人大或者其常委会及其授权的国务院来进行，税种、税基、税率等是一个国家经济制度中的刚性部分。财税的稳定涉及政府部门和整个社会制度能否健康运行，对于经济转型和宏观经济稳定具有重要意义。从理论上来看，效率和公平是财税体制和财税政策的核心。除了收入分配主要以平等为目标之外，提供公共产品、反垄断、消除外部性和信息不对称等，还具有重要的市场资源配置效率含义。

从财税结构来看，增值税主要针对企业征收，作为市场配置资源的主体，企业所缴纳的税收具有明确的效率含义，从而意味着增值税是以企业的效率损失为代价。直接税的作用则相反，直接针对消费者个人征收，由于消费者决策的目标是效用最大化，因为直接税具有更明确的公平含义。在财政支出来看，直接支出给企业的部分将内生于企业的选择和经营行为而直接表现为经济利润，从而具有效率含义，而直接支出给个人的部分内生于消费者效用，具有公平含义。

与国外财税制度相比，中国的财税制度存在诸多不同。首先中国的财政收入结构的典型特征是以间接税为主，尤其是增值税和营业税，直接税比重低。个人所得税仅为税收收入的7%左右，即使我们将企业所得税理解为资本所得，直接税的比重也只有25%。而在美国，个人所得税的比重接近税收收入的50%。服务业"营改增"的逐渐推广后，增值税的比重会更高。中国税收征收上的效率含义差别巨大。中国的财政支出则大部分直接面向企业这个产品和服务供给方和效率主体①，直接支付给家庭的比重甚少。关于财政支出给家庭的数据很少，目前来看比较明显的就是部分城镇居民的生活补贴和残疾人、贫困人口和五保户。这样与国外财税制度相比，中国的财政收入大部分来自企业，同时直接支出给企业，具有双重的效率含义，存在明显的效率搅拌特征。国外收入来自个人或家庭，和财政支出补给作为需求方的个人和家庭，从而具有更明显的公平指向。本书认为，通过财税制度来实现效率与公平携手并进的关键在于逐步走向以直接税为主体的财政收入体制，实现宏观制度对于资源配置效率的最小扭曲，财政支出逐步进行需求面管理，更加关注公平。

---

① 财政支出给企业就是财政支出补给供给方，例如医疗支出给医院，教育支出给学校等。

三　深化减税措施，降低间接税对工业企业国际竞争力的影响

从各个经济体的情况来看，伴随着经济增长所出现的减税措施，一直占据着财税政策扩大内需的主流。在本章的国别案例中，所有的国家在应对本轮经济危机中都采取了明确的减税措施来促进经济增长，中国也不例外。但是减什么税，减谁的税，却明显不同。美国同时削减企业部门和家庭部门税收，并且以家庭部门为主。印度大幅度削减企业部分税收，但是受到财力的明显限制，规模很小。

本轮经济危机以来，中国政府推出的财政刺激方案包含了明确的"结构性减税"措施。即在具体税收项目上差别对待，实行不同税种收入的减中有增，实现结构性调节任务。目前来看，已经实施的减税措施是提高个人所得税扣除标准，减少超额累进税率档级；免除储蓄利息所得税；统一内外资企业所得税为25%，对小微企业按20%征收、高新技术按15%征收，提高小微企业增值税、营业税起征点；将证券交易印花税从3‰下调至1‰，并实施单边征收。提高出口退税率，对部分行业免征出口关税；下调初次购房个人购房契税税率，对个人购买和销售住房免征印花税；减免车辆购置税、服务业营业税改征增值税和部分农村金融税收支持（张学诞，2012）。

从中国过于依靠企业税收的角度来看，削减企业税收是结构性调整的首选目标（高培勇，2012）。但是遗憾的是，减税措施大部分都是针对直接税——个人所得税、利息所得、个体户税收、证券交易税、个人购房契税、印花税、土地增值税等的减免。目前来看，真正具有结构性意义的是统一内外资企业所得税和服务业企业的营业税改征增值税。统一内外资企业所得税酝酿已久，本轮经济危机加速了其在全国人大的通过和实施。营改增则更具现实意义，由于服务业的两档税率明显低于工业企业，此举被业内认为是促进服务业发展和改善经济结构的重要举措。营改增的减税效应体现在三个方面：减少营业税的纳税人所承受的重复征税；因增值税转型改革所带来的营业税税负相对上升现象将趋于减少，从而减轻原适用营业税的纳税人的税负；随着营业税改征增值税时引入两档新的低税率，增值税的整体税负水平将趋于下降（高培勇，2012b）。

营改增的作为减税措施的缺陷是不涉及工业企业，从而也很难和国际收支、工业企业的国际竞争力结合起来。旨在通过减税提高工业竞争力的减税措施是削减增值税，这也是深化减税政策和扩大内需的重要举措。削

减主体税种收入，才能真正地起到减税效果。战后美国曾多次削减作为主体税种的个人所得税，其边际最高税率曾经从 1981 年的 70% 削减到，1988 年的 33%。削减工业企业税收，是中国保持企业竞争能力提升的重要手段。与其他国家相比，中国的特殊之处在于其主体税种是具有差别产业税性质的企业税，虽然这不符合平等交易法则：即相同收入的公司和个人应当缴纳相同的税收（费尔德斯坦，2001）。因此，本书认为，在削减增值税的基础上，实现不同产业的同一税制，使地方政府在发展产业时面临相同的动机，可能对于产业结构扭曲和保持工业竞争力、国际竞争力具有更加重要的战略意义。

四　完善直接税体系，完善财政政策的分配和稳定职能

尽管各个国家的税目税种不同，但是对于直接税和间接税的划分并不会产生很大分歧。直接税承担着财政的三大功能中的至少两个功能，一是自动稳定器职能，二是收入分配功能。财政政策自动稳定器职能，一般强调具有累进性质的个人所得税：繁荣时进入高档税率，使税收增长超过收入增长，萧条时则相反。自动稳定器所强调的收支结构和税率的稳定性，既不要求像美国 80 年代那样大量减税，也不要求政府一定要执行特定的相机支出政策。在 20 世纪 80 年代以后，反凯恩斯主义的战火逐步退去，学术界对于财政政策功能的强调侧重于税收的自动稳定器功能（Auerbach，2006）。

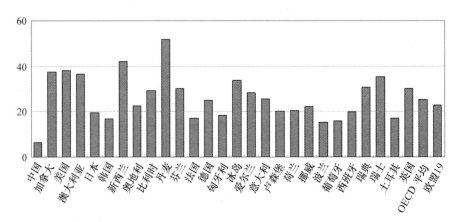

图 6-4　2010 年 OECD 国家个人所得税占全部税收收入的比重

资料来源：OECD 数据库。

从自动稳定器所强调的累进特征来看，中国间接税的比例都不符合这一特征，只有增加直接税的比重，才能促进财政政策真正起到稳定宏观经济的功能。从 OECD 的平均数值来看，个人所得税和个人缴纳的社会保障税（社会保障缴款），对于税收和整个财政收入的重要意义都远远高于中国：与当前中国个人所得税占税收总比重7%，①财政收入的4%和政府收入的不到3%相比，2007 年美国个人所得税占全部税收的比重为 38.1%，加拿大为 37.3%，丹麦则达到了 51.7%，英国为 30.1%，都远远高于中国（图 6-4）。如果考虑到具有个人工薪所得税性质的社会保障税，上述差距会进一步放大。

个人所得税和财产所得税的收取关系到收入分配和社会公平，后者是整个公共政策取向的核心内容，也是通过再分配途径来扩大内需的重要举措。从消费倾向来看，在十等分的收入结构中，人均消费性支出占人均可支配收入的比重随着家庭收入的提高而呈现系统性的下降，2010 年城镇居民中收入最低的 5% 的家庭（困难户）该比重为 99.50%；收入最低的 10% 的家庭（最低收入户）该比重为 91.99%；而收入最高的 10% 的家庭（最高收入户）该比重只有 61.76%，收入次高的 10% 的家庭（高收入户）该比重为 67.65%。将更多的收入通过再分配渠道转移给低收入家庭，尤其是困难家庭，对于增加消费总量具有明显的效果。

中国现行税制的收入分配功能较弱，个人所得税、财产税和资源税等收入分配功能显著的税种占税收收入的比重仅有 12%，而具有累退性质的一般流转税比重超过 50%，从而整个税制体系在收入分配上呈现出明显的累退性。在收入 10 等分组的数据中，最低收入组的平均有效税率为全国平均值的 1.52 倍，而最高收入组仅为全国平均的 0.92 倍，最低收入组的税率为最高收入组的 1.7 倍。这样的累退性税制，加剧了收入的不平等。从税前税后差额的 MT 指数来看，全国的基尼系数由税前收入的 0.481 上升到税后收入的 0.501，上升了 2 个百分点。与城镇相比，农村基尼系数上升幅度较大，由税前收入的 0.379 上升到税收收入的 0.439，上升了近 6 个百分点。城镇的基尼系数仅上升了 1.7 个百分点（张斌等，2013）。MT 指数均为负数，表明以间接税为主的税制结构，不但没有做到劫富济贫，

①　按照《中国统计年鉴（2012）》的数据，2007—2011 年中国个人所得税占税收总收入的比重分别为 6.98%、6.86%、6.64%、6.61% 和 6.75%，本书采用 7% 的数值是公允的。

反而加大了居民收入分配差距。

目前来看，增加直接税比重的两个措施是逐步建立个人所得税的统一征收平台，将工资、薪金所得、个体工商户的生产、经营所得、对企事业单位的承包经营所得、承租经营所得、劳务报酬所得、稿酬所得、特许权使用费所得、利息、股息、红利所得、财产租赁与转让所得、偶然所得和其他所得等 11 个纳税科目统一为综合收入平台。个人所得税的核心问题不是起征点的问题，而是征管和征收模式的问题。提高起征点只能让工薪阶层少纳税，并不能让富人多纳税。下一步个人所得税改革的措施主要包括：（1）加强对高收入阶层的税收征管力度，建立完善的收入申报和纳税评估体系。（2）改变个人所得税按月征收的计征办法，实行按月或发生时间源泉扣缴，按年度汇总计算全年收入及应纳税额。（3）逐步采取分类与综合相结合的征收模式，根据纳税人实际生活负担情况确定扣除额，并允许纳税人在个人和家庭两种纳税计算单位之间进行选择。

完善财产税体系。财产税在整个国家的财政收入中比重远远低于个人所得税。按照 OECD 的数据，2007 年财产税占美国税收的比重为 11%，英国为 12.6%，OECD 非加权平均为 5.6%，欧盟 19 国为 4.7%，但是却对调节大量持有动产和不动产财富的最富有者收入具有极其重要的意义，也是美国地方税的主要税种。因此，尽快开征财产税体系，尤其是目前热议的房地产税，并将其转移支付给低收入者，对于改善国民收入分配结构和扩大内需具有重要意义。

第七章

政府转型与扩大内需的非税收入政策

非税收入对于中国政府收支和长期增长的意义远远超过其他国家。在过去30年来，对于基层政府来说，预算内的"吃饭财政"并不能满足地方政府通过投资或引资来发展地方经济或实现政治晋升的需要（周黎安，2007），非税收入由此而生。后来历经多次财税改革，将部分收费通过"费改税"转化为税收，或者部分被取消。但是每一次税改"整编之后"，新的收费项目"杂牌军"重新出现，从而使非税收入作为一个整体稳定的存在着，并且成为我国地方政府，尤其是基层收入的重要来源。当前政府基金中最主要的"土地财政"就是非税收入的一个重要内容。

另一方面，虽然很多的收费和税收被正规化而进入一般预算项目，但是却仅仅在预算中列收列支而已，原有的利益格局并没有发生根本改变，不符合一般预算所强调的"公共财政"范畴，不能用于预算平衡（张斌，2012），预算部门对于其进行审核和监督的能力很小。另一方面，更多的非税项目以政府基金和国有资产、国有资源有偿使用收入和国有资本经营收入、主管部门集中收入形式存在，被学术界认为是中国政府，尤其是地方政府使用资金的以发展经济和造就中国奇迹的主要原因。这些反映中国道路特征的制度元素，由于制度惯性或者路径依赖，可能会在更长的期限内存在，这也是我们在常规的税收因素中将其剔除出来以专门分析的原因。这些因素所对应的措施，并不是普通的政策，而是政府职能的调整和制度性的政府转型。

本章基本是按照已有的四个预算：一般预算、国有资本经营预算、社会保障预算和政府基金预算来分列。受篇幅限制，我们没有专门分析社保基金预算和国有资本经营预算。通过对这些项目的梳理，有助于帮助我们理解在一般市场经济国家税收之下中国特有的制度安排特征。如果我们把财税制度当作一个市场经济国家的正规经济制度安排，那么这些更为基本的制度特征就是经济制度下面的深层政治制度，是中国特有的"潜制度"。正是这些更为基本的深层制度特征，在推动过去三十年来中国经济增长的同时，也塑造了中国经济的结构失衡问题，当然也包括供求结构失衡和投资—消费结构失衡，而这些根本的制度性特征不改变，也就很难找到实现扩大内需的长效政策。

第一节　非税收入的基本情况

政府非税收入（以下简称非税收入），是指除税收和政府债务收入以外的财政收入，是由各级政府、国家机关、事业单位、代行政府职能的社会团体及其他组织依法利用政府权力、政府信誉、国家资源、国有资产或提供特定公共服务和准公共服务取得的财政资金。在统计口径上，非税收入主要包括行政事业性收费、政府性基金、国有资源有偿使用收入、国有资产有偿使用收入、国有资本经营收益、彩票公益金、罚没收入、以政府名义接受的捐赠收入、主管部门集中收入和政府财政资金产生的利息收入十大类。

其中行政事业性收费原则是在向公民和法人提供特定服务中按照成本补偿和非营利原则向特定服务对象收取。政府性基金是指为支持某项特定基础设施建设和社会公共事业发展，向公民、法人和其他组织无偿征收的具有专项用途的财政资金。国有资产有偿使用收入是指国家机关、实行公务员管理的事业单位、代行政府职能的社会团体以及其他组织的固定资产和无形资产出租、出售、出让、转让等取得的收入，世界文化遗产保护范围内实行特许经营项目的有偿出让收入和世界文化遗产的门票收入，利用政府投资建设的城市道路和公共场地设置停车泊位取得的收入，以及利用其他国有资产取得的收入等。国有资源有偿使用收入包括土地出让收入，新增建设用地土地有偿使用费，海域使用金，探矿权和采矿权使用费及价款收入，场地和矿区使用费收入，出租汽车经营权、公共交通线路经营权、汽车号牌使用权等有偿出让取得的收入，政府举办的广播电视机构占用国家无线电频率资源取得的广告收入，以及利用其他国有资源取得的收入等。彩票公益金是指政府按彩票销售额的一定比例提取的专项用于支持社会公益事业发展的资金。2008年起彩票公益金按政府性基金管理办法纳入预算，实行"收支两条线"管理，专款专用，结余结转下年继续使用。

主管部门集中收入主要指国家机关、实行公务员管理的事业单位、代行政府职能的社会团体及其他组织集中的所属事业单位收入。

一　一般预算中的非税收入和专项税

表7－1列示了一般预算中非税收入的主要项目，专项收入大多属于专款专用的收入，列入财政支出预算，固定用于特定政府部门履行特定公共职能的支出，不能用于平衡预算，具有政府性基金的性质。如排污费收入全部用于环境污染防治，教育费附加由教育部门统筹安排，探矿权、采矿权价款收入全部用于国土资源部门的相关业务支出。各类专项资金长期由特定政府部门安排使用在确保这些部门履行公共职能资金需求的同时，也造成了政府收入分配格局的固定化和部门化。专项资金在部门中的使用规定过于笼统，如探矿权、采矿权价款收入的使用几乎涵盖了矿产资源和地质管理的所有业务，并且可以用于"探矿权、采矿权价款的管理及成本费用支出"。而且，大量专项收入固定用于特定政府部门的支出规定依据的仅仅是政府行政规章。某些政府职能应根据财政支出重点的变化进行年度调整，由公共预算支出统筹安排。

从一般预算非税收入的结构来看，2012年包括国有资本经营收入、国有资源（资产）有偿使用收入在内的其他收入占非税收入的比重为40.60%，行政事业性收费的比重为28.58%。考虑到中国国有企业及国有资源的实际状况，国有资本经营收入和国有资源（资产）有偿使用收入尽管近年来大幅增加，但是比重依然偏低。

表7－1　　　　　　　一般预算中的非税收入（2011）　　　　　单位：亿元

收入项目	总额	中央	地方
一　税收收入	89738.39	48631.65	41106.74
二　非税收入	14136.04	2695.67	11440.37
专项收入	3056.41	361.40	2695.01
其中：排污费收入			
水资源费收入			
教育费附加收入			
矿产资源补偿费收入			

续表

收入项目	总额	中央	地方
探矿权、采矿权使用费及价款收入			
国家留成油收入			
行政事业性收费收入	4039.38	404.02	3635.36
罚没收入	1301.39	38.76	1262.63
其他收入	5738.86	1891.49	3847.37
其中：国有资本经营收入			
国有资源（资产）有偿使用收入			
石油特别收益金专项收入			

资料来源：《中国统计年鉴（2012）》。

近年来，随着大量行政事业性收费项目被取消或纳入一般预算和政府性基金预算管理，彩票公益金、土地出让收入全额纳入政府性基金管理，财政专户管理的预算外资金项目逐步减少。财政部制订了到2011年将非税收入全部纳入预算管理的计划。目前尚在财政专户管理的预算外资金主要是各类教育收费、中央电视台的广告收入等提供公共服务机构的收入。

某些政府部门还存在着其他收入形式，如政府部门闲置用房的出租收入、安置广告牌的收入等，高校事业收入及附属单位上缴收入、广电部门广告等收入、林业局各林场经营收入等也纳入了部门预算。这些收入从获取收入的单位性质看，大多数属于政府部门所属事业单位，其收入大多属于事业单位的经营性收入。

在税收收入中也存在着指定用途的情况，如城市建设维护税被指定用于城市的公用事业和公共设施的维护建设。① 此外，还存在着以某些税收收入作为依据安排预算支出用于特定政府性基金的做法。如2010年1月1日起实施的《道路交通事故社会救助基金管理试行办法》，其中第六条明确规定救助基金的资金来源包括：地方政府按照保险公司经营交强险缴纳营业税数额给予的财政补助。这种做法以政府部门行政规章的方式固定了一部分税收收入的用途，实质上减少了可以统筹使用的资金数量。专款专

---

① 《中华人民共和国城市维护建设税暂行条例》第六条规定：城市维护建设税应当保证用于城市的公用事业和公共设施的维护建设，具体安排由地方人民政府确定。

用收入与统筹使用收入的背后是各政府部门对财政资金的分割使用，大量专款专用收入的长期存在，不利于随着政府职能的转变和财政支出结构的调整而调整，这是当前中国政府收入体系中存在的严重问题，同时也是中国制度性特征的真实写照。

二　政府性基金

政府性基金是为支持某项特定基础设施建设和社会公共事业发展，向公民、法人和其他组织无偿征收的具有专项用途的财政资金。与行政事业性收费不同，政府性基金并不是向特定服务对象收取的费用，而是凭借公权力无偿征收的专项资金。与一般预算中的专项收入相比，政府性基金的支出项目更为具体，许多政府性基金有明确的征收期限，原则上项目完成了即停征。但是由于固有利益格局的限制和预算监管的缺失，大部分基金都很难在规定期限前停止征收，而是换一个名称继续存在。

全国人大《关于 2011 年中央和地方预算执行情况与 2012 年中央和地方预算草案的报告》列举了目前我国政府性基金的基本情况。2011 年全国政府性基金收入 41359.63 亿元，增长 12.4%；全国政府性基金支出 39642.43 亿元，增长 16.8%。中央政府性基金收入 3125.93 亿元，其中铁路建设基金收入 648 亿元，港口建设费收入 136.02 亿元，彩票公益金收入 317.45 亿元，大中型水库移民后期扶持基金收入 217.41 亿元，中央农网还贷资金收入 100 亿元等。加上 2010 年结转收入 794.87 亿元，2011 年使用的中央政府性基金收入总量为 3920.8 亿元。中央政府性基金支出 3103.49 亿元，完成预算的 85.8%。其中：中央本级支出 2156.87 亿元，下降 5.6%，包括铁路建设支出 682.92 亿元，港口建设支出 73.35 亿元，彩票公益金用于社会福利、体育、教育等社会公益事业支出 191.25 亿元，中央农网还贷资金支出 105.26 亿元等；对地方转移支付 946.62 亿元。中央政府性基金结转下年支出 817.31 亿元。

地方政府性基金本级收入 38233.7 亿元，增长 13.8%。其中国有土地使用权出让收入 33166.24 亿元，城市基础设施配套费收入 857.26 亿元，彩票公益金收入 311.6 亿元，地方教育附加收入 688.13 亿元，加上中央政府性基金对地方转移支付 946.62 亿元，地方政府性基金收入为 39180.32 亿元。地方政府性基金支出 37485.56 亿元，增长 18.4%。其中：国有土地使用权出让收入安排的支出 32931.99 亿元，包括征地拆迁补偿等成本性支出 23629.97 亿元、农业土地开发整理和农村基础设施建设以及补助农民等支出 2351.06 亿元、用于教育支出 197.46 亿元、用于农田水利建设支出 120.35 亿元、用于保障性安居工程支出 668.58 亿元、按城市房地产管理法规定用于城市建设支出 5964.57 亿元；彩票公益金用于社会福利、体育、教育等社会公益事业支出 301.4 亿元；城市基础设施配套支出 741.04 亿元；地方教育附加安排的教育支出 386.51 亿元。

在中国现行政府收入中，很多非税收入项目具有间接税的性质，不仅在征收方面具有强制性，而且会直接增加企业的经营成本从而影响商品和服务的价格。典型的如教育费附加和地方教育费附加，前者属于纳入一般预算管理的非税收入，后者属于政府性基金①，但这两个项目与城市建设维护税具有完全相同的税基和征收方式。在纳入一般预算管理的非税收入中，除教育费附加外，排污费、水资源费、矿产资源补偿费等专项收入也具有类似的性质。

在政府性基金项目中，许多项目是直接针对特定商品或服务无偿征收的，也具有间接税的性质。从表 7-2 中可以看出，2010 年全国各项政府性基金中，对电力、煤炭、水等能源资源类产品征收的基金共有 12 项，基金收入合计为 1012.49 亿元；对交通运输业征收的基金有 8 项，基金收入合计为 1894.21 亿元；对其他产品和服务征收的基金（或附加）有 7 项，基金收入合计为 1031.37 亿元。上述 27 项基金收入共计 3938.07 亿元，占当年政府性基金总收入的 1/9 左右。尽管上述政府性基金中许多项目具有受益者付费的性质，但是由于大部分是针对水电等居民生活日用品征收的，其负担对象范围甚至超过了个人所得税，从而具有更为广泛的通用间接税性质。从总体上看，大部分基金项目（尤其是对电和交通运输业征收的项目）最终会全部或部分转化为最终消费品的价格，从而对消费具有抑制作用（张斌，2012）。同时由于其征收方式是从价费，对于部分消费者来说，属于明显的重复征收。

---

① 2010 年财政部下发了《关于统一地方教育附加政策有关问题的通知》（财综〔2010〕98 号），通知要求各地统一征收地方教育费附加，征收标准为单位和个人实际缴纳的增值税、营业税和消费税税额的 2%。已经报财政部审批且征收标准低于 2% 的省份，应将地方教育附加的征收标准调整为 2%。2010 年全国地方教育费附加收入为 242.82 亿元。根据财政部公布的 2012 年上半年政府性基金收入情况，上半年地方教育费附加实际收入为 457 亿元，同比增长 58.4%。据此测算，2012 年全国收入预计在 900 亿元左右，比 2010 年增长约 650 亿元。

表 7 - 2　　　　　**具有间接税性质的政府性基金一览表（2010 年）**　　　单位：亿元

基金名称	规模	征收对象
三峡工程建设基金	59.15	电
农网还贷资金	117.12	电
山西省电源基金建设基金	9.61	电
山西省水资源补偿费	20.19	煤、电等
城市公用事业附加	197.04	水、电
大中型水库移民后期扶持基金	183.44	电
大中型水库库区基金	26.17	电
三峡水库库区基金	6.69	电
小型水库移民辅助基金	12.26	电
国家重大水利工程建设基金	210.49	电
核电站乏燃料处置处理基金	6.9	电
山西省煤炭可持续发展基金	163.43	煤
铁路建设基金	616.92	铁路货运
福建省铁路建设基金	0.8	铁路货运
民航基础设施建设基金	58.63	航空
民航机场管理建设费	136.41	航空客运
海南省高等级公路车辆通行附加费	10.1	汽油、柴油机动车
港口建设费	114.44	水运
车辆通行费	915.36	机动车过路过桥
船舶港务费	41.55	水运
散装水泥专项资金	13.27	袋装水泥
新型墙体材料专项基金	56.19	建筑面积
文化事业建设费	67.79	娱乐业、广告业营业收入
地方教育费附加	242.82	增值税、营业税、消费税
国家电影事业发展专项资金	4.99	电影票房
育林基金	35.3	林产品销售收入
城市基础设施配套费	611.01	建筑面积
合计	3938.07	

资料来源：基金收入来自《中国财政年鉴（2011）》，引自张斌（2012）。

间接税税负可以区分由投资承担的部分、作为固定经营成本的部分和作为变动成本的部分。尽管在总体上，这三个部分都会通过对价格的作用最终影响消费，但其影响机制是不同的。在投资过程中转化为固定资产成本的间接税由政府一次性征收，但却需要在固定资产使用过程中逐步得到补偿，这增加了投资的成本并形成了重复征税。这些收费项目的长期存在，不可能用于居民转移支付，完全不利于扩大居民消费，只是为资本形成和重置创造了制度性条件，也是中国投资—消费比例失调的重要因素。

第二节　融资平台与地方政府资金支出的杠杆化

伴随着预算内财政建设资金比重的下降，政府性基金快速膨胀，并成为地方政府推动经济增长的资金来源。最近一个经济周期以来地方投资平台的兴起，背后却是政府资金支出变化的新趋势——杠杆化。

一　一般预算中经济建设支出的变化

改革开放三十多年来，中国的财政收支发生了很大变化，目前来看基本告别了以经济建设支出为主的时代。在计划经济时期，财政支出主要用于经济建设。1978 年财政支出的 64% 是直接用于经济建设的，当时的财政基本属于典型的建设财政[①]。这种国有资金循环体制内的"部门财政"，与国有银行组成的金融部门一样，具有为（国有）经济建设融资的典型性质。[②] 压缩非生产建设类项目，确保建设支出，成为这个时期政府在遭遇财政困难时期的明确选择。由于不具备生产性，政府长期压缩城市基础设施投入。[③] 财政支出在很大程度上代表了政府的目标，以经济建设为主导

[①] 当然，这个时期，财政的主要收入也来自国有部门的上缴利税。例如 1978 年，国有企业上缴的利润和税收之和占到了财政收入的 86.8%，加上集体经济上缴的 12.7%，财政收入结构是清一色的国有来源结构。到了收支比较困难的年度，以改善民生为特征的公共支出项目总会率先进入消减之列（高培勇，2008）。正是基于此，王东京等（2008）将这个时期的中国政府称为经济建设型政府。

[②] 杨帅、温铁军（2010）将这个时期的财政金融关系形象地称为国家的"左右口袋"。

[③] 世界银行发现，基础设施能力和经济产出同步增长——基础设施存量增长 1%，GDP 就会增长 1%。因此建议发展中国家的基础设施投资应当占到 GDP 的 4% 左右，或者固定资产投资的 9%—15%。随后的研究发现，发展中国家基础设施投资占 GDP 比重上升到 7%。中国基础设施投资的比重却远远低于上述比例的主要原因是由于基础设施的"非生产性"（李扬，1992）。

的财政支出结构，表明这个时期政府的主要目标是完成生产建设任务（付敏杰，2011）。

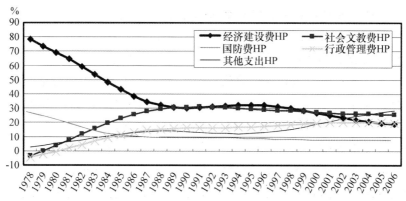

图7-1　增量功能性财政支出的结构性变化：1978—2006

资料来源：《中国财政年鉴（2007）》。2006年（含2006）以前的政府收支目录中，功能性财政支出共包含五个项目：经济建设费、社会文教费、国防费、行政管理费和其他支出。2007年以后由于政府收支目录调整，数据不再具有可比性。图中所有数据经过 HP 滤波调整。

随着经济体制改革的逐步推进，财政资金来源和支出项目逐步多元化。随着非公有制经济的发展和上缴税收份额的不断加大，经济建设支出在财政支出方面的比重逐步稳定下降，在20世纪90年代末已经下降到财政支出的50%以下，1997年下降到40%，2003年下降到30%，2006年下降到财政支出的1/4左右，2006年以后建设类支出的下降已经不能通过图中数据直接反映出来。2007年，因围绕经济建设为中心的财政支出体系已经很难在反映新财政支出的社会发展重点方向，突出表现在以社会保障为主体的"其他支出"项目支出财政支出的比重，已经从1997年的10%上升到2006年的20%，政府开始实行新的政府收入分类目录。实际上，如果不是2008年的全球性经济危机和政府为走出危机的临时性举措，上述财政支出的结构性转型会更加明显。

由于中国渐进式的增量改革特征，可以从每年新增的财政支出中观察到中国政府支出重点的变化（图7-1）。1978年新增经济建设支出依然占到每年新增财政支出的80%左右，社会和民生类支出处于负增长。整个80年代新增经济建设支出的比重稳步下降，90年代没有明显的变化，新世纪再度下降。2006年新增财政支出资金中只有20%是直接用于经济建设的，尽管这个比重远远高于印度、巴西和俄罗斯等新兴经济体、绝大多数发展中国家和所有的发达国家。

二　地方融资平台与政府支出的杠杆化

从一般预算来看，财政支出中直接用于资本形成的比重下降，似乎意味着经济建设支出不断下降。从非税收入尤其是政府基金和专项税收来看，由于这些专项收入和支出的范围固定，政府资金用于经济建设的部分并没有明显下降。首先，地方在非税收入和政府性基金中占比分别为80.93%和92.44%，总规模为接近5万亿元。其次对于地方政府来说，预算内一般支出被称为吃饭财政，非税收入和政府性基金，再加上一小部分预算内的专项税收，才是发展本地经济的可用财源，虽然后者的自由支配空间要远远小于前者。在总结近十年政府使用资金的典型特征以观察三十余年来中国政府配置资源方式的变化时，在总量之外，更应该注意政府资金使用方式上的变化。在过去五年来地方融资平台兴起的背景下，政府资金支出的显著特征是杠杆化。

伴随着城市化的快速扩张和土地资本化进程的推进，地方政府的城市建设任务不断增加。1986年至2007年，我国城市维护建设资金从144亿元增加到8493亿元，但是中央政府拨款由1986年的9.6亿元下降到2007年的0.41亿元；地方政府城建资金由127.6亿地方政府投资元增加到了4727亿元，年均增长19.3%（杨波，2011）。虽然经济发展的任务在地方政府身上，但是20世纪90年代金融体制改革后，地方政府对于较大规模金融机构的直接控制大为减轻，同时预算法禁止地方政府作为借贷主体，庞大的资金需求只能通过特殊的具有借贷资质的法人中介渠道来解决，这个中介历史地落在了地方融资平台上[①]。

地方政府主要以土地中介来解决发展中的融资问题（课题组，2005；蒋省三、刘守英、李青，2007；杨帅、温铁军，2010等）。利用土地的第一种方式是土地出让，也就是俗称的土地财政。土地财政背后，是地方政府通过招拍挂来拉高土地价格，这样的结果是一方面获得了大量的土地出

①　关于土地融资和土地出让之间数量关系的数据很少。根据世界银行课题组的调研数据显示，早在2003年沿海地区城市建设的资金来源中，土地融资已经是土地财政的两倍（课题组，2005）。

让资金①。另一方面，则是使得政府手中存量土地价值暴增，为土地的资产化和杠杆化运作提供了前提条件。

融资平台是由地方政府发起设立的各种土地储备中心、各种城投公司（城建公司、城开公司、城市经营公司等）和开发区管委会等融资主体。融资平台的主要操作方式是，地方政府将划拨土地、股权等资产打包，迅速包装出一个资产和现金流均可达融资标准的法人实体，再辅以一定量财政补贴作为还款承诺，以实现承接社会资金的目的。当金融机构在法律意义上独立于财政之后，融资平台成为地方政府绕过相关法律，为城市化融资的重要方式。一般来看，地方融资平台主要资产形式是土地，主要负债是银行贷款。绝大部分融资平台都是由100%国有产权（例如重庆的"渝富"和"八大投"），投资以地方政府的重大决策为指向，经营项目包括已经远远超过了城市建设和城市经济发展（市政、交通、水利，供热供水等），还包括农村基础设施建设（刘艳卫，2009；李茂龙，2008），集体林权改革，旅游业发展，中小企业融资，还有一些区域综合开发超大型平台（北控集团等），将地方政府驱动的经济增长发挥到了极致。审计报告显示，以融资平台为主体的地方政府债务中96%用于交通运输、市政建设等公益性项目（周兆军、张蔚然，2010）。

1987年上海成立了第一家城投公司——久事公司，实现融资32亿美元，为上海基础设施建设作出了巨大贡献。1992年上海城投公司成立，到2008年9月资产总额已突破2000亿元。2002年底重庆市设立了八大投资平台公司，共注入700多亿元资本金，以此为平台，先后获得银行2500多亿元授信额度和1000多亿元的实际贷款，占重庆近年来全部基础设施总投资额的75%，被世界银行称为"重庆国有投资集团模式"，是融资平台走向成熟的标志。2004年《国务院关于投资体制改革的决定（国发〔2004〕20号）》在合理界定政府投资职能、减少投资的政府审批制度，进一步向企业下方投资自主权方面作出了开放性规定。在《关于2008年

---

① 分税制改革后，地方政府首先通过协议出让土地来进行招商引资和促进工业发展。1993年和1994年土地出让收入分别为557亿元和639亿元，1995年土地出让收入下降到388亿元，1996年降至349亿元，之后开始缓慢回升，到2000年土地收入仅为596亿元，依然未超过1994年的高点，这个时期土地出让单价呈下降趋势。土地出让收入和单位价格的上升出现在新世纪，2001年土地出让收入达到1300亿元，2002年达到2400亿元，2003—2005年保持在5500亿元—6000亿元之间，2006年达到7600亿元，2007年增加至1.3万亿元，2008年为9600亿元，2009年达到1.59万亿元，2011年则达到3.3万亿元。

深化经济体制改革工作的意见》、《关于 2009 年深化经济体制改革工作的意见》及 2009 年中央经济工作会议中，中央政府多次提到要加快投融资体制改革，以解决当前困难并为长远发展提供良好的环境。

2009 年 3 月在国家实施积极的财政政策和适度宽松的货币政策和四万亿投资计划的背景下，人民银行和银监会联合发布了《关于进一步加强信贷结构调整促进国民经济平稳较快发展的指导意见》，提出"支持有条件的地方政府组建投融资平台，拓宽中央政府投资项目的配套资金融资渠道"，地方融资平台获得了大发展。从公开数据来看，到 2009 年第四季度，全国有 3800 多家地方融资机构，约 8221 家政府投融资平台公司（县级以下 4907 家（党均章、王庆华，2010））。其中有 5000 家是实施积极财政政策以后才成立的（甄静慧，2010），2009 年新成立的融资平台数量是之前20 年数量的总和（林文顺，2010）。2009 年全国新增贷款 9.59 万亿元至少有 3 万亿元直接流向了各种新式的地方融资平台，占总贷款量的 1/3。导致 2009 年末地方政府融资平台负债总额达到 7.38 万亿元，占我国当年GDP 的 22%，财政收入的 1.08 倍和地方财政预算内收入的 2.04 倍。

按照《担保法》，国家机关不能作为保证人，但是担保法并没有对地方政府形成有效约束，在金融危机以来政策不断放松的背景下，上述禁止性条款基本形同虚设。地方政府、人大、政协、财政部门出具的担保函，被银行普遍看作可接受的信用担保工具。在这个背景下，地方政府首先考虑的是投入的定量国有资产或政府性基金能撬动多少社会资本，或者带来多少银行贷款。地方融资平台将财政资金运作的杠杆化特征表露无遗。

第三节　从非税收入角度看政府转型与内需结构调整

地方融资平台和财政资金杠杆化运作，是中国政府发展地方经济特征的典型写照。过去三十多年来，中国政府的财政和其他收入是通过自身配置资源和生产私人产品得到的。国有企业、事业单位和大量的国有资源，再加上经济建设支出、向工业扭曲的协议低价格、向服务业扭曲的招拍挂高价格、金融抑制下的低利率与高收益率的反差等，通过向市场提供私人产品来获取交易性收入，并在此基础上实现财政收入增长正循环一直是中国政府的典型制度性特征。生产型政府的含义就是，中国政府，尤其是地方政府，是中国的企业家（付敏杰，2011）。

一 供求失衡和快速增长的共因：中国政府就是中国的企业家

这是中国三十年来经济快速增长的制度基础，企业家的社会角色是提高私人产品供给能力和促进私人产品投资的快速形成。正是这种制度性特征，导致经济增长和高投资率紧密相关，并且带来了明显的福利损失①。政府在私人产品生产和私人资本形成中充当了重要的角色，一方面通过抑制利率体制大大降低了资本融资成本，另一方面则通过竞相降低土地价格和采用税收减免优惠来进行招商引资。除此之外，中国政府直接掌控的大量国有资本都在向市场供给私人产品。这些促进私人资本形成的措施，都有利于中国经济的快速超常规增长。近十年来，这种增长模式的不平衡、不稳定和不可持续性越来越明显，而实现经济转型升级，促进经济效率提升的关键在于转变政府行为和减少资源配置扭曲。

利率管制一直是中国金融体制的典型特征。在过去三十年中，中国的利率管制所造成的实际低利率和国有金融行政管理体制，再加上以国家信用为基础的隐形投资担保体制和经济货币化等，一直是中国赶超模式中资源动员体制的重要特征（中国经济增长与宏观稳定课题组，2007）。目前，中国的金融市场资源配置效率过低，效率导向特征并不是特别明显，信贷配给和国家指令等依然在金融资源配置中起重要作用，金融市场体系尚不健全，市场化改革有待进一步推进。金融"十二五"规划中关于利率市场化改革的内容依然没有获得实质性的进展。只有健全金融市场以提高资本配置效率，最大限度地减少政府对于金融市场的行政干预，以实现资金配置的效率导向，才能真正走向依靠效率提升来推动经济发展的路线。

土地市场是中国资源配置扭曲的重要表现。在20世纪80年代末90年代初，乡镇企业发展的重要原因在于其使用集体土地而节约了很大一部分成本，从而获得了相对于完整核算成本的国有企业的制度优势。90年代中期以后，房地产泡沫破灭，土地价格低迷，地方政府财政收入主要来自增

---

① Lee et al（2012）发现，中国的投资率明显高于基本面跨国回归的预测结果。在过去十年中差值呈现加大的趋势，目前这个差值已经达到GDP的10%。由于中国的投资主要依靠国内融资，外部环境的变化并不会带来经济危机，但是资源从消费领域转入投资的福利成本是GDP的4%左右。李稻葵（2012）等测算后认为2002年以后中国的平均境内投资率高于福利最大化投资率的5%，1990—2008年实际投资的福利损失相当于每期损失GDP的3.8%。

值税的时代，地方政府竞相通过降低土地价格，甚至采用零地价来招商引资，促进工业发展。待新世纪土地市场和房地产市场复苏后，地方政府开始以招拍挂的形式，追求土地出让收入和房地产企业的营业税、所得税。目前，通过价格较低的协议出让形式为工业企业供地以获得可贸易品的增值税收入和通过高价招拍挂出让土地给商业和房地产等服务业以获取不可贸易品的营业税收入和土地出让收入的土地市场二元结构扭曲模式，依然是中国土地市场的典型事实。这种通过扭曲资源配置来获得收入的形式，既是推动中国经济增长的根本原因，也是未来中国提升宏观要素配置效率的关键。

国有企业的资源配置效率是市场效率的重要组成部分。国有资本经营预算一直是中国政府收入的四大部分之一，体现的是作为所有者所获得收益。1998 年国有企业改革后，国有企业在竞争性领域中的比重迅速下降，目前营利性较强的国有企业主要是能源、金融等垄断行业，其营利性建立在垄断所导致的价格转嫁能力上。国有部分利润的提升，会影响到非国有部门和整个宏观经济的资源配置效率。垄断领域的国有企业利润、产品附加值和营运成本的增加，会通过不同的环节，最终转嫁到国内消费者头上，从而转化为实际的通货膨胀。推进公共管制，抑制垄断保护市场竞争环境，合理界定垄断部门的经营成本和利润空间，不但能够提升非国有部分的资源配置效率，对于稳定物价也具有重要作用。

这种扭曲资源和提供私人产品模式，之所以能够带来快速经济增长，重要原因是条件的允许。从 1978 年开始，中国经济增长的对内动力就是缓解经济体中存在的源自计划经济时期的"短缺问题"（科尔内，1986；左大培，1992；张军，1991），1998 年上半年中国总体上告别了短缺时代，时逢东南亚金融危机，中国政府第一次提出了"扩大内需"问题。三年后，中国加入世界贸易组织，开始利用更为广阔的国际市场来解决本国国内的严重失衡问题。直到本次金融危机之前，中国的主要出口工业品（纺织、机电）和原材料（水泥、钢铁）等已经占据了全球巨大部分份额，增长的空间已经极为有限。本轮经济危机导致的美国和欧盟市场萎缩，成为中国发展模式和政府转型的倒逼机制。

二 政府转型方向：公共政府 + 福利性政府

一个公共政府的核心是提供公共产品，福利性政府的核心是高税率和转移支付。这两点的共同之处是政府推出私人产品生产领域，向联合国或者国际货币基金组织规定的那样，不从事营利性活动。这不仅仅是针对中央政府而言，更是针对地方政府而言。那种依靠提供私人产品和扭曲资源价格来促进私人资本形成的企业家，在面向未来可持续和均衡的增长中，必须舍弃。

公共政府的核心是通过制度安排保护产权，规范竞争。基于新经济增长的"新卡尔多事实"的研究发现，创意、制度、人口和人力资本是解释收益递增和长期增长的四个基本状态变量（Jones and Romer，2010）。收益递增的源泉是非竞争性，创意就具有明显的非竞争性特征。一个可以促进长期增长的制度，至少应当有利于鼓励创意和提高人力资本。创新是经济增长的源泉。创新的非竞争特征对于制度有特殊要求，不能采用边际成本低价，不能存在于完全竞争市场。国际上通用的制度是保护知识产权，以减少创新者的收益被模仿者所蚕食的可能，从根本上鼓励竞争①。

尽管近年来中国的知识产权保护越来越严格，但是总体依然处在较低水平，各种山寨此起彼伏，络绎不绝。这其中重要的原因是对私人市场政府干预过多，对公共规制投入精力太少。最明显的例子是文化创意产业，中国的省级卫视长期互相抄袭。一个节目或者电视剧题材火了，马上就会出现一大批类似的节目来分割创新者的市场，使得创新的收益大大下降。地方政府，尤其是县以下政府对于知识产权保护的力度过小，乡镇市场上的非法出版物、三无产品、盗版仿冒玩具比比皆是。形成这种现状的原因主要是市场分割下的地方保护主义，地方政府为了保护本地税源而对抄袭者听之任之，甚至加以保护。收益递增对于市场规模和市场一体化有着特殊的强调，只有消除地方保护主义和市场分割，建立起统一的全国市场，才能从根本上实现由创新和效率所驱动的增长。

福利性政府的核心，则是通过高税率将更多的资源控制在政府手中，并将其用于转移支付。在福利国家的典范——欧洲，政府支出的绝大部分比重是用于转移支付，向市场提供教育、医疗、卫生、住房和社会保障。这些服务属于典型的私人产品，由政府参与其中，只是使这些服务具有了更多的转移支付和收入再分配性质（Besley and Coate，1991；Boadway et

---

① 发达国家知识产权的保护都非常严格，最近的一起知识产权案件是美国加州一家法院判决三星公司侵犯苹果6项专利，需向苹果支付10.5亿美元的巨额赔款。

al，1998；Gahvari and Mattos，2007）。例如私人市场可以提供比较优质的教育，这可以从国外公立大学和私立大学的生源质量和教育质量中体现出来。在大部分工业化国家中，仅仅社会保障支出在财政支出的比重就达到一半以上，OECD17 国转移支付占 GDP 的比重从 1960 年的 8% 上升到1990 年的 23%，1990 年荷兰转移支付占 GDP 的比重达到了破天荒的 40%（Tanzi and Schuknecht，2000），公费医疗、公费教育、公共养老在福利国家基本实现了全覆盖。

　　福利性政府的特征是通过大量的转移支付来尽最大可能地扩大内需。本章第二节分析发现，像美国、英国这样宏观税负远远等于或高于中国的国家，甚至是挪威这样宏观税负达到中国两倍的国家，其居民最终消费率都远远高于中国。归根到底，是这些国家政府的支出方向和方式与中国有巨大差别。不但用于经济建设的比重远远低于中国，最重要的是政府支出的绝大部分内容都用于具有收入分配性质的转移支付，[①] 从而弥补了低收入者用于消费支出的不足。当然没有这么做我们也不是完全合理的，虽然会带来更大的政府、更高的债务、更高的边际税率来消减个人的工作努力和创新动力，但他确实是扩大消费需求的重要方向。

---

　　① Hansson and Stuart（2003）发现 1972—1992 年间 22 个 OECD 国家政府支出用于公共产品的比重平均不过 12%，用于转移支付的比重平均为 84%，从而导致转移支付与政府支出总量的相关度高达 0.96。

第 八 章

扩大内需的财政支出政策

2008 年国际金融危机爆发以来，全球经济形势持续低迷。当出口需求支撑不再牢固时，寻求内需的支撑就成了可靠的必要选择。从另一个方面看，多年来我国扩大内需的任务并未很好地完成，此时外部需求的减弱也给扩大内需带来了一些机遇和压力。在财政政策担当应对变局的"主攻手"的大背景下，财政支出仍是扩大内需最为直接的手段。

理论上，早在凯恩斯代表作《通论》中，就已详细阐述了经济危机、扩大需求和财政支出三者间的基本作用机理：经济危机由"有效需求"不足导致，有效需求既包括边际消费倾向偏低造成的消费需求不足，也包括资本边际效率相对于利息率偏低造成的投资需求不足。在市场调节存在失灵的情况下，为实现总供求的一致，需要政府干预，而政府干预最有效的手段就是扩大财政支出，以此带动社会投资和社会消费的扩大。

实践中，在经济危机或者经济低谷出现的时候，多数国家采用需求管理的财政政策来克服危机、提高就业，而需求管理的财政政策核心即是增加财政支出、增发国债、扩大政府投资和预算赤字规模。以扩大需求为目的的财政支出政策，美国、日本等发达国家都曾采用过，也成为本轮反危机政策的主流，并逐步在世界范围内加以应用。我国也早在 2009 年提出了 4 万亿支出计划，出台了支持拉动内需、促进经济增长的十项重大措施。

因此，重新认识内需的内涵和外延，重新梳理投资与消费的关系，并在此基础上，深入分析财政支出与扩大内需的关系，对于后危机时代成功地扩大内需是重要且必要的。

第一节 财政支出的不同分类与作用机理

在各种名目下安排的财政支出，根据分析目的不同，可以有不同的分类。而不同的分类，对我们分析财政支出的绩效，具有不同的意义。

一　支出分类差异：国际标准与我国现实

从国际上现有的分类方法看，对支出的分类大体可归为两种：一种是用于理论和经验分析的理论分类；另一种是用于编制国家预算的统计分类。

从理论分类来看，根据分析的目的不同，可按政府职能、支出目的、组织单位、支出利益等标准划分。例如，以财政支出的用途和去向为标准，财政支出可分为防务支出和民用支出两大类，前者包括国防、公安、司法等与防务有关的支出，后者包括除防务支出以外所有的其他各项支出。这种分类方法的目的在于分析一国财政支出的军事化程度或民用化程度。

从统计分类来看，按照国际货币基金组织的分类方法，有职能分类法和经济分类法（表 8-1）。按职能分类，财政支出包括一般公共服务支出、国防支出、教育支出、保健支出、社会保障和福利支出、住房和社区生活设施支出、其他社区和社会服务支出、经济服务支出以及无法归类的其他支出。按经济分类，财政支出包括经常性支出、资本性支出和贷款。

表 8-1　　　　　　　　国际货币基金组织的财政支出分类

职能分类	经济分类
1. 一般公共服务 2. 国防 3. 教育 4. 保健 5. 社会保障和福利 6. 住房和社区生活设施 7. 其他社区和社会服务 8. 经济服务 　（1）农业 　（2）采矿业 　（3）制造业 　（4）电业 　（5）道路 　（6）水输送 　（7）铁路 　（8）通信 　（9）其他经济服务 9. 无法归类的其他支出 　（1）公债利息 　（2）其他	1. 经常性支出 　（1）商品和服务支出 　　1）工资、薪金以及其他有关项目 　　2）商品和服务的其他购买 　（2）利息支付 　（3）补贴和其他经常性转让 　　1）对公共企业 　　2）对下级政府 　　3）对家庭 　　4）对其他居民 　　5）国外转让 2. 资本性支出 　（1）现存的和新的固定资产的购置 　（2）存货购买 　（3）土地和无形资产购买 　（4）资本转让 3. 净贷款

资料来源：国际货币基金组织网站。

我国国民经济核算体系已由原来的平衡表体系转变为新的核算体系，但财政支出分类目前仍沿用过去的分类方法。为便于经济分析以及展开国际比较，有必要借鉴国际经验并结合我国实际建立新的分类方法。目前，我国按费用类别分类法同国际货币基金组织的职能分类法比较接近。

二　不同类型的财政支出与扩大内需

政府在任何一个领域行使职能都离不开财政支出，在各种名目下安排的财政支出，虽然无一例外表现为资金从政府手中流出，但是，不同财政支出对国民经济的影响却存在明显差异。

经济社会发展需要财政支出的领域很多，扩大内需只是其中一个。因此，扩大内需不可能依靠无限扩张财政支出规模来实现，在支出规模既定的前提下，关键在于调整支出结构。

如前所述，对财政支出的分类可以根据实际需要按照多种不同的标准进行，而分析财政支出与扩大内需之间的关系，选取财政支出是否与商品劳务直接交换这一分类标准相对合适。以此为标准，财政支出可分为购买性支出和转移性支出，而购买性支出中，消费性支出和投资性支出对内需产生直接影响，转移性支出中，财政补贴支出和社会保障支出对内需产生间接影响。

三　购买性支出与扩大内需的关系

政府为了满足日常政务活动或国家投资所需，直接从市场上购买商品、劳务的支出或公共工程支出，属于购买性支出。这类支出要求政府与其他市场主体一样，遵循等价交换的原则，付出资金的同时获得相应商品和劳务，体现出较强的资源配置职能。按照是否形成资本性资产的标准，可以将购买性支出细分为投资性支出与消费性支出。投资性支出是政府购买满足公共需求所必需的资产而形成的财政支出，这一支出能够形成资本积累。消费性支出是政府以消费者身份在市场上购买满足自身消费需求的消费性商品和劳务所发生的支出，这一支出是即期的，不直接形成任何资产。

1. 购买性支出可以有力推动内需的扩大

购买性支出对扩大内需的有力推动体现在两个方面：首先，它直接构成了社会总需求的一部分；其次，它与投资、生产、就业密切相关，可以带动投资需求和消费需求连锁扩张。

具体来说，从社会总需求的构成看，社会总需求由消费需求、投资需求和政府购买性需求构成，当增加购买性支出时可以直接增加社会总需求，同时，政府雇员、军事人员及其家庭的消费需求需要通过购买性支出形成，私人投资需求需要通过基础设施投资等购买性支出来带动。从社会生产的角度看，当增加购买性支出时，市场价格水平和企业利润率将会提高，引起企业生产规模扩大，所需生产资料和劳动力也随之增多，生产资料需求扩大会带动生产资料和消费资料生产企业投资需求的连锁膨胀，闲散资本和部分居民储蓄也会转化为投资，而就业的扩大则可带动消费需求的扩张。

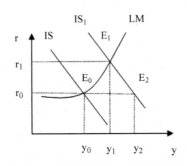

图 8 - 1　购买性支出对内需的影响

如图 8 - 1 所示，购买性支出与扩大内需之间的关系可以分两阶段来看：第一阶段是增加购买性支出将直接扩大产品市场的总需求，根据 IS - LM 模型，初始均衡点为 E_0，均衡国民收入和利率分别为 y_0 和 r_0，当政府增加购买性支出时，IS 曲线右移至 IS_1，若利率保持不变，在 E_2 处实现产品市场均衡，此时的国民收入为 y_2，购买性支出带来的需求扩大为 $y_2 - y_0$。第二阶段是增加购买性支出使货币市场处于非均衡状态，货币需求大于供给，利率将上升，均衡点上移至 IS_1 曲线与 LM 曲线的交点 E_1 处，均衡国民收入和利率分别为 y_1 和 r_1，由于利率上升会带来投资成本的上升，从而降低投资需求，增加购买性支出引起利率上升而间接导致的需求下降为 $y_2 - y_1$。综合来看，第二阶段的内需减少对第一阶段的内需增加进行递减之后，才是购买性支出对扩大内需的最终效果，为 $y_1 - y_0$。

从数量上看，第一阶段财政支出的乘数效应发挥作用，使内需成倍扩大，第二阶段财政支出的挤出效应发挥作用，对内需的扩大产生递减的效果。两种效应可简要分析如下：

第一阶段，在简单封闭的经济环境下，社会总需求 AD 由消费需求 C、投资需求 I、政府购买性需求 G 三部分构成，假定政府以比例税率 t 征税，社会边际消费倾向为 b，引致消费为 a，国民收入为 Y，则：

$$AD = C + I + G = a + b (1 - t) Y + I + G = Y$$

根据上式可得：$dY/dG = 1/ [1 - b (1 - t)]$，即为购买性支出乘数。由于 $0 < b$、$t < 1$，则 $dY/dG > 1$，且其大小与边际消费倾向成正比，与税率成反比，即边际消费倾向越大、税率越小，购买性支出乘数越大，增加购买性支出产生的扩大内需的效果就强。

第二阶段，由名义货币供应量 M、价格水平 P、货币交易需求 K (Y)、货币投机需求 L (r) 所构成的货币市场均衡为：$M/P = K (Y) + L (r)$，而按照购买性支出增加时货币供应量不变的假设，可得 $d (M/P) = L'dr + K' dY = 0$，即 $dr = - (K'/L') dY$。由于私人投资是利率的函数，假设 $I = I_0 + hr$，总需求为 $Y = a + b (1 - t) Y + I_0 + hr + G$，可得 $dY = b (1 - t) dY - h (K'/L') dY + dG$，最终得到 $dY/dG = 1/ [1 + hK'/L' - b (1 - t)]$。这是表示增加购买性支出扩大内需的最终效果的乘数，由于 $K' > 0$、$L' < 0$、$h < 0$，该乘数显然小于购买性支出乘数本身：$dY/dG = 1/ [1 - b (1 - t)]$，其原因就是购买性支出增加带动利率上升而抑制了投资需求，产生了挤出效应。

2. 投资性支出与扩大内需的关系分析

财政投资性支出是政府以资金投入实体经济或国有运营单位来实现经济与社会发展战略，主要用于公用设施、能源、交通、农业、大江大河治理、污染治理、重要的自然资源及大规模的国土开发、人力资源开发、智力资源开发、社会保障和社会福利等有关国计民生的产业和领域。可见，财政投资性支出大多投向外部效应较大的大型、长期、基础性或公益性项目、微利或不营利项目，也是非政府部门不愿意投资或没有能力投资的项目。作为非政府部门投资的补充，其首要目标是提高包括社会效益在内的国民经济的整体效益，而不是单纯的经济效益。

投资性支出能够较大幅度地拉动内需。如前所述，财政投资性支出作为典型的购买性支出，本身是内需的重要组成部分，并发挥着直接和间接刺激内需增长的作用。同时，政府以投资性支出的形式提供公共服务和基础设施，保证生产、流通、再生产等环节的顺利进行，不断扩大社会供给，从供给角度为内需的扩大奠定了物质基础。

以基础设施和基础工业为例，交通运输、机场、港口、桥梁、通信、水利、城市供水、排水、供气、供电、供暖等设施，能源工业和建筑材料、钢材、石油化工材料等基本原材料工业，农林部门以及提供公共性无形资产和服务部门所需的固定资产均属于基础设施和基础工业的范畴，它们绝大部分要求资本密集型投资，而且建设周期长、投资回收慢，只有依靠财政投资性支出才可能比较有效地解决供给问题。

而基础设施和基础工业又是扩大内需的前提条件，决定着工业、农业、商业等直接生产活动的发展水平，为整个国民经济运行提供前期的公共产品和服务基础。一般来说，基础设施和基础工业越发达，国民经济运行就越顺畅，效率就越高，居民对生活质量的要求就越高，投资和消费构成的内部需求就越大。因此，财政投资性支出属于"社会先行资本"，如果投入不足，就会对整个经济社会发展产生瓶颈制约，自然也失去了扩大内需的动力。

我国投资性支出在财政支出结构中一直占很大比重，但在基础设施建设等国民经济发展的薄弱环节中所占的比重仍没有根本性改观。另一方面，还要看到投资性支出的结构问题明显，部分领域的财政投资性支出"越位"情况严重，加大了资金、资源和通货膨胀的压力，而经济发展过分依赖财政投资，也压抑了经济发展的活力。此外，当前财政投资性支出所表现出的对经济运行的部分不利影响也应引起重视，包括对行业垄断的加剧、对公平平等投资环境的干扰、对市场机制作用的限制、对民营经济发展的影响等，而在扶植国有企业获取高额垄断利润的同时，也造成国有企业因缺乏竞争机制而带来的资源严重浪费、利润率不高、生产效率低下、经营管理不善等问题。也就是说，财政投资性支出结构不合理，会挤占民营经济的资源，并对有限的社会资源低效率利用，最终造成社会福利不必要的损失，使扩大内需的目标在实现程度上打了折扣。

为此，需要强化财政投资性支出的总量调节和结构调节。在总量调节方面，目标是实现投资总量与经济体制和经济发展阶段的需求相符，内需的扩大与国民经济稳定增长的需求相符。即在调节自身规模的同时，还要对民间投资规模进行引导和调节，使全社会的投资实现优化。在结构调节方面，一是选择发展较弱的基础领域加大财政投资支出力度，为社会民间投资创造良好的投资环境；二是释放必要的资源和投资空间，退出市场机制可以有效发挥作用的领域，降低民间投资的准入门槛，提高投资效率，优化资源利用，减少对扩大内需的负面影响；三是还要发挥导向作用，通过调节财政投资支出结构，来纠正非政府投资结构的偏差，使全社会的投资结构符合国家产业政策的要求。

为了提高财政投资性支出的效率、效果、效益，还需要与民间投资合作，针对具体的投资项目，选择财政投资、财政与民间共同投资、财政投资且法人团体经营运作、BOT（建设－经营－转让）投资方式等等，最终达到资本产出比率最小化、资本－劳动比率最大化、就业创造最大化的财政投资性支出的标准，同时，为社会闲置资金找到出路，达到扩大内需程度的最大化。

3. 消费性支出与扩大内需的关系分析

消费性支出是政府直接在市场上购买并消耗商品和服务所付出的成本，既包括为维持公共管理机构日常运行的政府自身消费支出，也包括为提供国防、公共安全、教育、医疗等社会福利所需的民生性消费支出。

有关财政消费性支出对于内需的作用，理论界有着不同的看法。一些学者认为，从长期角度看，政府消费性支出的增加只会完全排挤掉民间部门的消费，并不会产生任何实质效果。政府的消费性支出对于经济体系的长期成长也没有实质效果。有的学者则认为，政府消费性支出只能刺激短期经济增长率，却没有长期效果。一些研究表明，政府消费将会带来生产率的内生增长，进而提高实际工资水平，并导致消费对闲暇的替代。一些研究也表明政府消费性支出对我国居民消费存在"挤出效应"。

事实上，不同的财政消费性支出对于扩大内需的作用不同，应该按其不同属性给予区别对待。政府自身消费支出的主要表现是行政经费支出，属于纯消费性开支，直接耗费社会资源却不能实现价值补偿，该项支出过度膨胀会成为经济社会发展的沉重包袱，侵蚀扩大内需的基础。但从另一个方面看，该项支出又是国家政权和行政管理机关正常运行的基本保障，如果行政经费不足，就会影响政府行使职能，影响社会公共需要的满足，也对扩大内需不利。因此，在保证社会正常运行的前提下，要对行政经费厉行节约，有效控制其规模和增长速度，提高行政效率，在发挥其对扩大内需的作用方面趋利避害。

一段时期以来，我国以"三公消费"支出（政府部门人员在因公出国（境）经费、公务车购置及运行费、公务招待费产生的消费支出）为主体的行政经费高速大幅增长，其规模超过中央财政主要民生支出的总和，而民生支出对于扩大内需，尤其是消费需求的作用远远超过行政管理支出。如果财政支出结构转化，大幅压缩"三公消费"支出，并将压缩的支出用于民生支出或基础设施建设，将带来巨大的内需扩大效应。

民生性消费支出虽然不直接创造物质财富，属于消费性支出而非生产性支出，但从动态角度分析，此类消费性支出可以促进居民个人的发展、促进技术进步、促进居民对高水平生活质量的追求，这些均是扩大内需的基础。由于民生性公共服务具有准公共品的性质，应由政府提供或政府、市场混合提供，其经费应该由财政与民生服务的享受者共同负担。然而，由于民生服务产生的社会效益常常存在时滞且呈现非显性特征，其大部分成本却只能由其他部门创造的物质性财富来补偿，社会对其重视不足，缺乏投入的动力。而以居民自身的收入水平难以在市场上购买到与其需求相应的服务，必须以财政支出为载体，补充市场提供这些民生服务的不足。但是，我国财政资源有限，政府包揽过多的微观经济事务，对民生服务的资金支持不足，导致财政民生性消费支出的缺位；民生服务供给长期滞后，导致居民上学难、看病难、住房难等社会焦点问题成为制约内需扩大的瓶颈。

一般来说，财政民生性消费支出应在财政支出中占有适当的比例，并且随着劳动生产率的提高和 GDP 的增长，该比例应不断提高。以卫生支出为例，按照世界卫生组织的基本要求，卫生总费用占 GDP 的比重应不低于 5%，我国 2016 年卫生总费用支出占 GDP 的比重为 6.2%，与上述标准差距不大，但从卫生费用的承担主体来看，1978—2011 年间，个人、政府、社会承担的卫生支出占卫生总费用的平均比重分别为 40.06%、25.27%、34.67%，而卫生部专家表示，合理的个人、政府、社会卫生支出比例应该为 30%、30%、40%，我国财政卫生支出明显不足。教育支出也一样，我国在 20 世纪末提出的全国财政性教育经费支出占国民生产总值 4% 的目标，2011 年该比重为 3.42%，说明财政教育支出不足。2012 年实现 4% 目标以来，至 2015 年已连续 4 年超过 4%。不过，上述数据也说明我国居民个人承担的卫生、教育支出过多，财政支出不足，如果财政承担更多的民生支出，居民就可以将更多收入用于消费和投资，有效推动内需扩大。

可见，与财政投资性支出相比，财政消费性支出更应强化结构调节。遏制政府自身消费支出的强劲上升势头，有效降低其对扩大内需的抑制作用，同时，加大财政民生性消费支出的力度，降低居民个人承担的比重，为扩大内需释放更多的空间。

四　转移性支出与扩大内需的关系

与购买性支出不同，转移性支出直接表现为资金无偿的、单方面的转移，将社会资源在社会成员之间进行转移再分配，并没有对应的商品和劳务补偿。这类支出主要有补助支出、捐赠支出和债务利息支出。这些支出目的和用途不同，但却有一个共同点：财政付出了资金，却无任何所得。在这里，不存在交换的问题。它所体现的是政府的非市场性再分配活动。其中，补助支出所占份额最大，影响范围最广，与扩大内需的关系也最为密切。

转移性支出的具体形式主要包括实物补贴、货币补贴、有条件的消费券发放或无条件的消费券发放等。各种方式对扩大内需的作用程度并不相同（详细分析可参见第十章第一节）。

五　不同支出方式的不同着力点

购买性支出与转移性支出方式有所不同，其所产生的客观效果也是不同的。主要表现在如下方面：

第一，作用不同。购买性支出所起的作用，是通过支出使政府掌握的资金与微观经济主体提供的商品和服务相交换。政府直接以商品和服务的购买者身份出现在市场上，因而，对于社会的生产和就业有直接的影响，而此类支出影响分配则是间接的。转移性支出所起的作用，是通过支出过程使政府所有的资金转移到领受者手中，是资金使用权的转移，微观经济主体获得这笔资金以后，究竟是否用于购买商品和服务以及购买哪些商品和服务，已脱离政府的控制，因此，此类支出直接影响收入分配，而对生产和就业的影响是间接的。

第二，遵循的原则和对政府的效益约束不同。安排购买性支出时，政府必须遵循等价交换原则，因此，通过购买性支出体现出的财政活动对政府形成较强的效益约束。在安排转移性支出时，政府并没有十分明确和一以贯之的原则可以遵循，而且，财政支出的效益也极难换算。由于上述原因，转移性支出的规模及其结构也在相当大的程度上只能根据政府同微观经济主体、中央政府与地方政府的谈判情况而定，显然，通过转移性支出体现出的财政活动对政府的效益约束是软的。

第三，对微观经济主体的效益约束不同。微观经济主体在同政府的购买性支出发生联系时，也必须遵循等价交换原则。对于向政府提供商品和服务的企业来说，收益大小取决于市场供求状况及其销售收入同生产成本的对比关系，所以，对微观经济主体的预算约束是硬的。微观经济主体在同政府的转移性支出发生联系时，并无交换发生。因而，对于可以得到政府转移性支出的微观经济主体来说，它们收入的高低在很大程度上并不取决于自己的能力（对于个人）和生产能力（对于企业），而取决于同政府讨价还价的能力，显然，对微观经济主体的预算约束是软的。

注意到上述区别，我们可以得到这样的基本认识：在财政支出总额中，购买性支出所占的比重大些，财政活动对生产和就业的直接影响就大些，通过财政所配置的资源的规模就大些；反之，转移性支出所占的比重大些，财政活动对收入分配的直接影响就大些。联系财政的职能来看，以购买性支出占较大比重的支出结构的财政活动，执行配置资源的职能较强，以转移性支出占较大比重的支出结构的财政活动，则执行收入分配的职能较强。

第二节　政府财政支出变化的客观规律

财政支出的变化及其规模的变动，具有一定的客观规律。经济学家对此也有深入的分析与总结。从理论观点上看，大致有如下三类。

一　政府规模与财政支出的因果关系——瓦格纳法则

19 世纪 80 年代，德国经济学家瓦格纳在对许多国家公共支出资料进行实证分析的基础上得出了著名的瓦格纳法则。他从政府在国民经济增长中的重要作用出发，通过对进入工业化阶段以后的欧洲、美国、日本等国家的政府支出的研究，认为一个国家随着国家职能的扩张和经济的发展，为保证行使国家职能，财政支出会不断增加，财政支出规模会不断扩大，即一国工业化经济的发展与该国的财政支出规模之间存在着一种函数关系，如图 8-2 所示。

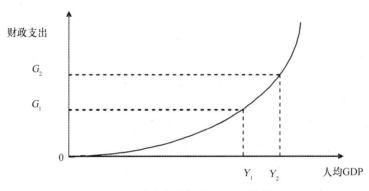

图 8 - 2　财政支出与人均 GDP 的关系

　　一般而言，财政支出绝对规模的增加有两个目的：其一，满足公共部门的消费，保证政府机构正常运转的财力需要；其二，为了对经济和社会的运行状况予以适当的调解，使得经济和社会的运转更平稳、波动更小、更符合公平目标或更有效率。也就是说，财政支出规模增加，预期目的是对经济和社会产生一定的效应，发挥某种调整或校正的作用。

　　基于政府规模扩张的观点，瓦格纳还分析了财政支出上升的原因，他的观点主要包含三个方面：（1）对政府干预经济以及提供公共产品的需求扩大。（2）教育、文化、福利服务与卫生方面的需求的增加，需要政府来提供。（3）社会系统和法律关系的日益复杂性促使对政府保护和管理服务方面的需求有扩大的趋势。另外，都市化和人口的日益集中也会导致各种产品和劳务外部性作用的扩大，也要求政府加强管理。政府有必要对资源重新配置，以满足上述三个方面对财政支出的需求，由此导致了财政支出规模的扩大。

　　此外，瓦格纳在其理论中运用了收入弹性的概念。他认为，政府的教育、文化、卫生、环境、社会福利和娱乐的增加是由其需求的收入弹性决定的，因而，当一国经济发展过程中人均收入水平提高时，公共财政支出中用于教育、文化、卫生、环境、社会福利和娱乐等方面的支出也会大幅度增加。这说明财政是为国家服务的，而且随着国家职能的扩张，财政活动范围也必然会随之扩大。这里的思想主要是生产消费升级后所带来的财政支出变化。

二　财政支出的非线性增长——梯度渐进增长理论

　　1961 年，英国经济学家威斯曼（Wiseman）和皮考克（Peacock）补充了瓦格纳的研究方法，提出了财政支出梯度渐进增长理论。该研究主要分析了 1890—1955 年间英国政府财政支出在时间序列上的变化趋势。两位学者指出，正常年份下，财政支出显现一种渐进的上升趋势，但当社会经历"激变"时，财政支出会急剧上涨，当这种"激变"时期过后，财政支出又会下降，但不会低于原来的趋势水平。他们的理论阐明了财政支出增长的两类原因——内在因素和外在因素。内在因素是指公民可以忍受的税收水平的提高，外在因素是指社会动荡对财政支出造成的压力。

在经济和社会发展的常态期，除财政支出的正常增长外，公共财政支出难以获得额外的增加或大幅度的增加，因为这时纳税人对其所处环境非常满意，不愿意在增加纳税成本的情况下，获得额外的公共产品提供。而在社会发生诸如饥荒、危机或者战争等的社会突变时，政府的财政支出规模就有可能大幅度的提高，因为人民群众为了摆脱社会突变带来的困境，他们的税收容忍水平将会相应的上升。较高的新的预算水平替代了原来较低的支出和税收水平，从而就打破了原来的渐进趋势，在渐进的过程中使整个财政支出呈现出一个上升的"台阶"。社会突变后，对政府的信心培育了人们对政府的需求，人们要求政府做更多的事，要求政府解决以前所忽视的重要问题，从而促使人们对扩大财政支出规模予以支持，由此，出现税收容忍新水平。因而，社会突变过去以后，财政支出水平虽然会有所下降，但不会低于原先的趋势水平。威斯曼和皮考克所认为的财政支出"梯状发展趋势"如图 8-3 所示。

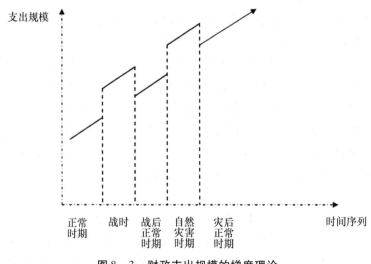

图 8-3　财政支出规模的梯度理论

这一理论是按照政府处于平稳期和非常时期来研究政府支出的变化状况。当社会处于非常时期，政府更加需要发挥社会管理职能，以帮助国家渡过危机，行政管理职能必然会相应扩大，增设管理机构，增加行政人员编制，结果导致行政管理支出的增加，政府行政管理支出规模自然会比平稳时期大幅度提升。因此，行政管理支出规模变动的原因同样也能用梯度渐进增长理论来解释。

三　财政支出变化的经济因素——发展阶段论

公共财政支出增长的经济发展阶段理论，主要是由美国经济学家马斯格雷夫（Musgrave）和罗斯托（Rostow）两人共同提出。他们揭示了在一国不同的经济发展阶段，公共支出的增长是必然的，但公共支出增长的结构和速度是不同的，并且从经济发展阶段的角度来探讨公共财政支出增长的原因。

他们的研究将经济的发展阶段分成三个部分：在经济发展的早期阶段，人们的生活水平不高，主要是满足人们的基本需要，政府部门加大对经济发展所需的社会基础设施的投资力度，比如交通、法律秩序、通信、环境卫生、教育以及水利的投资等；在经济发展的中期阶段，是人们的生活水平不断提高的时期，这就要求财政支出用作补充私人投资的增长，在经济发展到了一定程度之后，人们对基础设施、社会环境、收入公平分配、生态等有了更高的要求，也就要求加强对市场经济的干预；在经济发展的发达阶段，人们对生活质量提出了更高的要求，政府财政支出的投向会有所变化和调整，逐步转向更多地用于改善教育、卫生、保健、基本生活保障及其他直接造福于人民的软件方面，也就是用于解决社会公平的转移性支出大幅增加，以切实解决人们关心的民生问题，促进社会的和谐发展。

概括来看，伴随着经济发展阶段的上升，政府财政支出结构在长期变动过程中的总趋势为：第一，经济发展阶段的提升，使得政府财政支出中，经济性支出所占比重呈现显著的减少；第二，经济发展阶段的提升，使得政府财政支出中，维持性支出所占比重出现明显的减少；第三，经济发展阶段的提升，使得社会服务性支出占财政支出的比重快速扩大；第四，经济发展阶段的提升，使得在社会服务性支出内部，转移支付占其比重出现迅速的增加。

因而，判断一国财政支出结构是否合理，至少应从两方面来分析：一是各项财政支出间的相对增长速度。由于各国所处的经济发展阶段和政府的经济政策目标不同，其财政支出中各项目比重和增长速度也相应不同。问题的关键在于财政支出项目增速的差异是否与政府的政策目标相一致，如果这一差异的变化是为了实现政府的政策目标，则认为这种支出结构是合理的，是与经济社会发展目标相一致的。否则，这种财政支出结构就是不合理的，应当进行调整和优化。二是一国目前的经济发展阶段，以及在这个发展阶段上政府所追求的主要经济政策目标。若一国处于较高经济发展阶段，人们收入高，经济增长平稳，社会和谐稳定，政府会相应地将教育、医疗、环境卫生、社会保障方面作为财政支出的主要投入方向，旨在实现提高社会生活质量这一主要政策目标。反之，若一个国家处于较低的经济发展阶段，人们生活困苦，生产力水平较低，政府将财政支出中经济建设支出作为其投入的重点，尤其是加大对基础设施建设的投资力度，实现保持经济快速增长这一主要政策目标。

第三节　转型时期我国财政支出的趋势特征

由上述基本理论可以看到，财政支出规模随着政府职能的扩张，客观上存在一种膨胀现象。另外，改革开放以来，我国处于较高经济发展速度阶段，政府职能的发挥受到高度重视，加之，社会经济形势复杂多变，客观上也使我国财政支出呈现出一种刚性增长的局面。在支出规模不易缩减的情形下，同时也伴生出现了支出结构有所扭曲，急待进一步优化的问题。具体而言，处于转型时期我国财政支出形势显现出如下几个重要特征。

一　支出总额刚性增长，规模不易削减

我国财政支出总体趋势是与经济发展的各个阶段基本同步的。总体上看，财政支出在数量上一直呈现一种扩张趋势，除极少数年份支出总额有所起伏、变化，基本上都呈增长态势。这一趋势从财政支出绝对额、财政支出占 GDP 比重等指标的具体变动可以明显看出。

财政支出绝对额，即预算年度内政府实际安排支出和使用的财政资金

数量总额。它是一种直接用货币衡量财政支出规模的指标。财政支出占GDP的比重，指预算年度内政府实际安排和使用财政资金的数量与GDP的比率。一般来说，在经济发展水平、产业结构等大致相同的条件下，财政支出占GDP的比重越大，说明财政参与GDP分配的比例越大，社会财力越集中，财政支出的规模越大，政府对经济运行的介入或干预程度也就越高；反之越小。我国从2001年到2010年的财政支出是随着GDP的增加而逐年增加的。2001年我国GDP总值为109655.2亿元，财政支出为18902.58亿元，财政支出占GDP的比例系数为0.172382；至2006年，GDP总值上升为211923.5亿元，财政支出为40422.73亿元，这一比例系数上升为0.190742；2010年，GDP总值为413030.3亿元，财政支出为89874.16亿元，财政支出占GDP的比例系数为0.217597。2015年，GDP总值为689052.1亿元，财政支出175877.77亿元，财政支出占GDP的比例系数为0.255246。

由上述占比关系也可以明显看出，财政支出占GDP的比例系数在过去十余年间也呈上升趋势。

二　支出结构有待优化，现有结构不利民生

我国财政支出总量规模在过去十余年间虽然呈规模扩张趋势，表明财政支出对宏观经济运行的干预程度正趋于深化，但是，目前我国财政支出结构仍然存在着问题，还不能完全适应新时期经济与社会发展的要求。例如，由政府主导的投资行为普遍存在，导致经济建设支出比重仍然偏高，而社会公共事业投入不足、行政管理费增长过快等局面并未得到根本性的改变。从长远看，这对于公共财政改革的深化也形成了一定制约。因此，应调整经济建设支出，强化社会文教支出，深化行政机构改革，控制行政经费的过快增长，增加民生领域的资金投入，推进公共财政建设。从而形成一个比较合理的，有利于经济可持续发展的财政支出格局。

三　财政支出对扩大内需作用尚未充分显现

当前，我国以政府财政投资为主导的投资拉动经济增长的模式很难在短时期内得以改观，并且，这一模式由于对经济增长拉动作用明显，因而，在"保增长"的宏观经济目标没有变更之前，要完全改变这一模式，客观上也具有一定难度。

从我国以往的经济发展历程看，财政支出对拉动经济增速的效应明显，但由于作用机制不同，在保障了经济增速之后，对国民收入分配的调节效应并没有较好地实现，从而，意图借此途径实现对收入差距问题的调节的目标也未能较好地实现。在这种状况下，扩大内需，尤其是扩大居民消费需求的目标很难达到。如何通过对财政支出政策的调整，从而改变国民收入在不同部门以及居民间的分配状况，是衡量财政支出政策成功与否的一个新的重要标准。

第四节　我国财政支出政策对扩大内需的基本作用途径

概括而言，财政支出政策对扩大内需的着力点可归结为两个主要方面：一是通过财政支出总额的变动来影响对宏观经济的调控力度，二是通过支出方向的调整来影响财政资金在不同领域的具体配置。

一　财政支出总额变动对扩大内需的影响

支出政策影响财政支出总额的变动，涉及两个因素，一是支出总量，二是相对规模。支出总量反映了对经济的总体调控、干预力度；相对规模则主要反映了支出增量的变动趋势。在扩大内需的视角下，财政支出增量中，投向有利于改善民生的部分应有所加强，这样才可能形成真实有效的内需，从而通过内需的真正扩大促进经济的良性循环。

二　财政支出结构调整对扩大内需的影响

财政支出方向的调整，其直接后果一是可以改变支出结构，二是可以体现支出政策的鼓励与抑制作用。这种调整对扩大内需的影响，主要可以由两方面来分析：一是通过政府的限制性支出政策得以实现，例如对一些不利于转型升级的产业采取抑制措施；二是通过对投资去向的调整，体现政策鼓励措施，例如通过扶持中小企业发展，从而对扩大内需起到真正推动作用。此外，通过财政支出方向的调整，也能切实增加对那些可提高居民实际收入的领域的投入，增加居民的消费能力，从而在扩大居民消费需求方面，逐步改变现有居民消费需求偏弱的局面。

在当前的经济发展背景下，伴随着财政支出方向的调整，通过完善各项制度，加强对中小企业的扶持，鼓励中小企业多创造就业岗位，具有重要意义。改革开放以来的发展实践证明，中小企业在促进国民经济持续快速增长、满足社会需要、缓解就业压力、优化经济结构等方面都有不容忽视的作用。但是，在当前全球性经济危机的背景下，不少企业面临着融资困难、社会负担和综合税费负担过重等多种问题。而事实也证明，发展中小企业，通过中小企业增加就业，对于有效扩大内需，尤其是消费需求，具有关键性的作用。为此，通过对其实施税收优惠措施，并结合政府的相关财政支出项目的资金支持，可以有效解决中小企业面临的困难，并促进其健康发展。例如，目前在财政预算支出补助方面（如技改贴息、科技三项费用补贴及财政专项补助）的主要对象是大企业，建议适当修订相关政策措施，加大对中小企业的扶持。

此外，各级政府财政应考虑设立中小企业专项补助基金，主要用于中小企业新产品开发和技术创新及风险投资的补助。具体做法可以参照对现行科技三项费用和技改贴息补助办法适当做一些修订或补充规定，明确这两项基金的60%—80%用于中小企业，否则，让中小企业与大企业在同等条件下竞争政府的资源是不公平的。政府还可考虑设立担保类机构或允许中小企业发行债券，以帮助中小企业融资。一是设立中小企业创业贷款担保资金，帮助解决企业创业初期的融资难问题。二是设立中小企业技术改造专项贷款担保资金，鼓励和促进中小企业加快技术改造步伐。三是为中小企业从事风险型行业的投资提供融资担保，鼓励中小企业从事高利润、高风险行业的投资。四是有条件地允许中小企业发行企业债券，鼓励民间资本直接投入中小企业，这既解决中小企业融资难问题，又可以减少民间资金大量投入炒股炒房，还可以有效遏制社会游资流向地下钱庄和其他非法集资渠道。

第 九 章

优化财政支出结构与扩大内需

　　财政支出结构指的是财政支出总额中各类支出的组合以及各类支出在支出总额中所占的比重。它综合反映一国政府活动的范围和方向，是国家调节经济与社会发展和优化经济结构的强大杠杆。随着改革开放的逐步深化，我国经济体制由计划经济转向市场经济，与此相适应，财政体制也逐步由经济建设型财政向公共财政和建设现代财政制度的目标转变。按照建设现代财政制度的要求，调整优化财政支出结构成为财政体制改革的重要内容，在当前的经济形势下，调整优化财政支出结构也与扩大内需具有紧密联系。

第一节　我国财政支出结构：现状与趋势

　　经济理论与大量实践表明，财政支出结构与一国经济发展阶段具有很强的相关性。在经济发展初期，政府要为经济发展提供基础设施，同时还要支持基础产业、新兴产业的发展，以及满足经济结构调整的需要，这些都必须有大量政府财力的介入，因此，经济建设支出占整个财政支出的比重较大。进入经济发展中期以后，财政投资逐步让位于私人投资，经济建设支出在财政总支出中的比重呈下降趋势。当经济发展到比较成熟的市场经济以后，财政的收入分配功能增强，财政支出除了保障行政机构正常运转之外，应更多地向科教、卫生、社会保障、环保等方面倾斜，社会公共性支出在财政总支出中比重将大幅度上升。

　　我国财政支出总体趋势是与经济发展进程基本同步的。

　　改革开放 30 多年来，随着我国政府职能的不断转变和公共财政框架的构建，财政支出结构也不断朝着市场经济体制方向调整和优化。一方面，经济建设支出占财政总支出的比重逐渐下降，另一方面，公共产品和公共服务的支出比重逐年上升。然而，财政支出结构在向合理化目标迈进的同时，还没有完全跳出传统的计划经济财政支出结构的基本框架，仍面临着一些亟待解决的问题。

一　近年来我国财政支出规模的变化

改革开放以来，按功能性质分类的我国各项财政支出——经济建设费、社会文教费、国防费、行政管理费及其他支出，从总量上看，都有不同程度的增长；从相对比率来看，经济建设费、国防费占财政总支出的比重呈逐渐下降趋势，而社会文教费、行政管理费则呈逐年上升趋势。

1. 财政支出的绝对指标

财政支出绝对额，即预算年度内政府实际安排支出和使用的财政资金数量总额。它是一种直接用货币来衡量财政支出规模的指标，可较为直观地反映一定时期内政府财力集散程度和所提供社会公共事务的规模。从表9-1中可以看出，我国从2001年到2010年间的财政支出是随着GDP的增加而逐年增加的。这也符合并在一定程度上验证了财政支出规模上升的发展趋势这一学说。

表9-1　　　　　　　2001—2010年我国GDP及财政支出对比　　　　单位：亿元

年份	国内生产总值	财政支出额	比例系数
2001	109655.2	18902.58	0.172382
2002	120332.7	22053.15	0.183268
2003	135822.8	24649.95	0.181486
2004	159878.3	28486.89	0.178179
2005	183217.4	33930.28	0.185191
2006	211923.5	40422.73	0.190742
2007	257305.6	49781.35	0.193472
2008	300670	62592.66	0.208177
2009	335353	76299.93	0.227521
2010	413030.3	89874.16	0.217597

资料来源：曹菲菲（2012）。

2. 财政支出的相对指标

相对量指标是指预算年度内政府实际安排支出和使用财政资金的数量与相关经济指标的比率。它反映了财政支出和宏观经济运行及国民收入分配的相互制约关系。

财政支出占 GDP 的比重，指预算年度内政府实际安排和使用财政资金的数量与 GDP 的比率。一般来说，在经济发展水平、产业结构等大致相同的条件下，财政支出占 GDP 的比重越大，说明财政参与国内生产总值分配的比例越大，社会财力越集中，财政支出的规模越大，政府对经济运行的介入或干预程度也就越高；反之越小。

从表 9 - 1 中的数据可以看出，我国的财政支出比例系数从 2001 年到 2010 年一直保持在一个比较平稳的水平，说明我国政府对经济运行的介入或干预程度多年来并没有太大变化。

二 我国财政支出结构的现状

从近年情况看，我国财政支出总额一直呈现一种扩张的趋势，除极少数年份支出总额有所起伏变化，基本上是呈现增长趋势。

财政部统计数据显示，2016 年 1—12 月，全国公共财政支出总额为 187841 亿元，比上年增加 11963.23 亿元，增长 6.8%。

从结构上看，分中央和地方，中央一般公共预算本级支出 27404 亿元，同比增长 7.3%。地方财政用地方本级收入、中央税收返还和转移支付资金等安排的支出 160437 亿元，同比增长 6.2%。

在财政支出均衡性进一步提高的同时，民生等重点支出得到切实保障。2016 年 1—12 月累计，教育支出 28056 亿元，增长 6.8%；科学技术支出 6568 亿元，增长 12%；文化体育与传媒支出 3165 亿元，增长 2.9%；医疗卫生支出 13154 亿元，增长 10%；社会保障和就业支出 21548 亿元，增长 13.3%；住房保障支出 6682 亿元，增长 4.3%；农林水事务支出 18442 亿元，增长 5.9%；城乡社区事务支 18605 亿元，增长 17.1%。[①]

① 数据来源：《2016 年财政收支情况》，见财政部网站，http://gks.mof.gov.cn/zhengfuxinxi/tongjishuju/201701/t20170123_2526014.html.

三　我国财政支出结构的变化趋势

由上述对我国财政支出规模变化的分析和对近年来财政支出结构变动的初步探讨，可以总结出我国支出结构变化的几个基本趋势：

1. 在我国的财政支出总盘子中，近年经济建设支出所占的比重有所下降，但是，这一支出仍占重要地位，其规模仍然相当庞大。由此也可以看出，我国以财政投资支出支撑基本经济建设的格局虽有变化，但总体仍然延续了以往经济发展时期的一些重要特征。

2. 财政支出格局近年来不断呈现出向民生领域倾斜的趋势，但受制于保障经济增长速度的宏观经济目标，这一趋势仍不明显，以民生领域为重点发展领域的趋势并未充分显现，未来在这一领域的支出仍有较大的空间。

3. 财政支出向民生领域倾斜的变化趋势中，向基本公共服务领域倾斜的趋势较为明显。但是，由于历史原因造成的我国城乡二元经济发展格局仍未有根本性改变，城乡之间的差距仍然存在，在实现城乡之间基本公共服务均等化目标这方面，财政支出可以发挥作用的空间仍然巨大。

第二节　当前我国财政支出结构存在的问题

尽管我国目前财政支出格局和以往相比已有很大改善，但财政支出结构仍存在一定问题，与成熟的市场经济体制的客观要求对照，调整经济建设支出比重，强化社会文教支出，深化行政机构改革，控制行政经费的过快增长等任务仍然艰巨。

一　财政支出存在的问题

1. 行政管理费支出急剧膨胀

财政供养人员的多寡与财政支出的大小呈正比例关系。改革开放以来，随着经济建设和社会各项事业的发展，政府的社会管理职能逐步扩大，机构人员逐步增加，行政管理费的增长是正常的。但从现实情况看，行政管理费的增长已超过了同期财政收入、财政支出以及 GDP 的增长速度，表现为财政供养人员管理失控，规模庞大，增长迅速。过高的政府运行成本和过高的行政管理支出比重，使各级财政困境日益加深，财政支出结构趋于僵化，其他公共支出难以保证，进而影响政府职能的履行。

2. 对市场经济体制下财政支出范围的界定不清

我国财政支出范围存在"大而全"的问题，国家财政包揽过多。一方面，受我国计划经济体制下财政支出模式的影响，一些有条件进入市场的支出项目，仍然由财政负担，财政支出中不合理和不规范的支出现象仍然残留在我国现行财政体制运行之中。另一方面，一些公共服务性质的财政支出项目投入不足，在财政支出中增长速度缓慢，制约了国民经济的协调发展。

3. 财政支出管理制度不健全

目前，我国还缺乏一套科学规范、行之有效的财政支出管理和控制机制。从预算编制上看，支出预算内容较粗；从支出的分配上看，透明度不高，一些支出项目未经充分论证，一般采用基数法来确定资金的分配，缺乏科学性和刚性，不利于支出结构的调整和优化；从预算执行上看，预算执行中的随意性与官员意志太大，预算约束软化的状况相当严重。此外，有一个时期，我国预算外资金增长较快，但大量预算外资金游离于财政管理之外，财政部门对预算内外资金管理始终缺乏有效的统一协调和综合平衡，管理失调的现象不容忽视。

二　财政支出结构存在的突出问题

我国财政支出结构近年来总体趋于改善，但目前仍存在一些突出的问题，还不能完全适应新时期经济与社会发展的要求，主要表现在：

1. 经济建设支出比重仍然偏高，"越位"与"缺位"问题并存

我国经济建设费占财政支出的比重一直较高，而西方市场经济发达国家平均水平仅为 10% 左右。这主要是由于我国经济体制仍处于转轨时期，需要实施积极财政政策来刺激投资，扩大社会总需求，财政支出与解决重大经济建设问题关联度较大，生产建设型财政的痕迹还很明显。另一方面，经济建设支出内部结构不合理、对竞争性领域的越位也是导致经济建设支出比重偏高的重要原因。

我国经济建设支出可分为两类：一类投向以营利为目的或以市场为导向的国有企业，这一部分经济建设支出因为国企在竞争性领域的错位而效益低下，对经济增长贡献较低；另一类主要投向为社会提供公共产品或是有自然垄断性的准公共产品的部门或企业，如交通运输、邮电通信、农业援助、能源物资储备及高科技企业等。由于经济建设费对第一类竞争性领

域的过多介入，挤占了稀缺的社会资源，侵蚀了政府财力，使得政府对第二类领域投入不足，呈现政府缺位。当前第二类领域发展滞后，成为制约我国经济发展的"瓶颈"。

2. 社会文教支出增长缓慢，社会公共事业投入不足

社会文教支出直接影响一个民族的素质和文明程度，以及一个国家的经济实力和综合国力。因此，各国政府都不断加大对这一领域事业的投入，提高社会文教支出占财政支出总额及 GDP 的比重。虽然社会文教支出一直是我国政府支出中的一个重要项目，但多年来这项支出所占比重却增长缓慢，尤其是与行政管理支出相比，增长速度更是明显落后。社会文教支出中尤为重要的是科教事业投入远不能满足"科教兴国"战略的需要。同时，教育经费投向很不合理，财政经费过多向高等教育领域倾斜，弱化了对基础教育的支持力度。造成我国社会文教支出偏低的原因主要是大量政府外收入游离于预算外，导致我国财政收入占 GDP 的比例偏低，且由于政府财力分散，使得在社会文教支出上难免捉襟见肘；同时我国财政支出结构中经济建设费占总支出的比重过高，行政管理费增长过快，也挤占了一定的社会文教支出量。

第三节　调整财政支出结构对扩大内需的意义

合理的财政支出规模和结构，对优化资源的配置及促进经济稳定增长，均具有十分重要的作用。为了顺利实现稳定外需前提之下的扩大内需这一目标，有必要认真审视财政支出结构优化对扩大内需乃至对我国经济发展的重大意义。

首先，财政支出结构优化有助于提升消费结构并促使我国成功跨越"中等收入陷阱"，避免重蹈一些转型国家的覆辙。

伴随着近年来经济持续较快发展，我国当前已跨入中等收入国家行列。由发展中国家构成的中等收入经济体，在突破了人均国民收入 1000美元的"贫困陷阱"后，很快就会到达 1000—3000 美元的"起飞阶段"，进入中等收入国家行列。但是，其中一些发展中国家在进入中等收入国家行列之后，却长期徘徊在这些行列中，陷入所谓的"中等收入陷阱"。从日韩两国由低收入国家进入中等收入国家而后又顺利进入高收入国家行列的成功经验来看，一个重要的共同点就是经济增长由粗放型向集约型转

化，需求结构实现了从投资率上升到消费率上升的转换。[①] 韩国的成功经验还表明，经济发展水平的跃升提高了消费结构并使其稳定在较高的水平上，消费成为支撑经济增长的主要动力。[②]

其次，政府消费是一个重要方面，优化政府消费支出行为，调整其消费偏好，对有效扩大内需具有重大意义。

在现代市场经济体制中，政府支出规模大小对于宏观经济的稳定具有重要调控功能。在政府支出的四个方面即政府消费、公共投资、转移支付和补贴以及债务的利息支出中，经验事实表明，从 20 世纪 60 年代以来，在西方主要发达国家，除了公共投资外，其他支出均出现较大幅度增长之势。由于公共投资占 GDP 比重并不高，全部政府支出中的主要部分是消费性支出和转移性支出（可统合称之为政府消费支出），从本原上看，政府消费与个人消费具有同样的质规定性，即政府消费支出是作为一个普通的消费主体为满足政府活动需要而产生的支出。但是，在社会个人需求不足或是需求受到限制的情况下，政府消费性支出对于经济也就有着重大的均衡和拉动作用，支出的普通意义也就由此上升到调节的意义（陈彩虹，1999）。

此外，通过调整支出结构向农村倾斜，有利于优化农村财政支出格局与扩大内需。扩大内需，最大潜力在农村，在国际金融危机的阴影尚未完全消除的背景下，如何最大限度地扩大农村居民的消费需求，更是一个值得认真探讨的话题。

政府对于农村的支出，往往要转化为公共产品，这就需要劳动投入。以工代赈可以在一定程度上增加农村居民的劳动收入。增加农业生产性财政支出，不断加大农业补贴，可以提高农村居民收入，影响农村居民的消费水平。加大农村财政支出，建立相应的社会保障机制，对处于转型中的农村居民来说，可以消除其对制度变迁所带来的不确定性的恐惧，减弱其预防性储蓄动机，增加支出，扩大消费。总之，如果能够真正启动农村消费市场，切实扩大内需就有了可靠的保障。

第四节　财政支出结构的优化与扩大内需

在重新审视财政支出结构优化对扩大内需的重要意义的基础上，对优

---

① 详细情况可见马晓河（2010）的有关论述。
② 详细情况可见仪明金、郭得力、王铁山（2011）的有关论述。

化财政支出结构，可以考虑从以下方面有侧重点地推进相关措施。

一　科学界定财政支出项目的范围

首先，遵循财政支出服务社会的原则。在市场经济体制下，财政支出仍然是我国经济发展的强有力的支持和服务后盾，是政府提供公共服务职能的坚强物质基础。在界定财政支出项目范围过程中，必须充分考虑财政支出的公共服务职能。

其次，充分认识财政支出是政府宏观调控的主要手段，是政府弥补市场缺陷的重要途径。第一，对于需要政府提供才能最佳配置社会资源的公共产品，比如国防建设、文化卫生教育支出等，政府应直接介入并供给，以弥补采取市场自由配置无法完成的公共产品外部效应缺陷；第二，对于非公共性质的财政支出项目，逐步引入市场调节机制；第三，对于经营性事业单位，引入市场机制，财政资金应彻底退出。

最后，对于旨在提高社会服务水平的公共性支出，可以采取完全由政府提供或私人和政府共同提供的方式。这些支出主要有社会保障支出、社会救济支出等。

二　完善财政支出管理制度的改革

一是进一步推行政府采购制度。通过招标竞价方式，优中选优，尽可能节约资金，有利于财政支出效益的提高，也可以比较有效地杜绝权钱交易等腐败现象。二是推行国库集中收付制度改革。针对目前存在问题，加强法制建设，切实实现国库集中收付制度规范化；尽快实现会计集中收付与国库集中收付融合；加强业务培训，提高干部素质等。三是改革基数分配法。避免基数法造成的预算单位之间差距的弊端，逐步采取零基预算法和其他科学方法。适时引入更为先进的、以追求效益为目的的公共支出预算模式或绩效预算方法，可以提高预算编制的公开性和透明度，有利于促进财政资金分配的规范化、程序化，也对确保地方财政的预算收支平衡起着重要作用。

三　有效控制行政经费的过快增长

在财政资金数量既定的情况下，优化财政支出结构，缩小行政经费的规模，对扩大内需具有重要意义。控制行政管理费用过快增长，可以考虑从以下方面着手：

1. 加快财政预算制度改革

美国一些城市针对传统的明细分类项目的缺陷，设计出一种支出控制或预算制度。这种预算制度总的思路是实行资金总额预算，在经费使用方面，打破明细分类，允许各个部门保留其没有花完的预算经费，"把钱花掉"让位给"把钱节省下来"。一些学者充分肯定这种改革，认为支出控制式预算是一种有使命感的预算。美国新公共管理运动的这项实践，已在其他国家引起积极反应。我国政府财政预算体制改革也进行了一些有益的探索。一些地方政府已经实践"零基预算"，改变了20世纪80年代以来基数算账中存在的基数逐年上升，只增不减，支出居高不下，财政负债加重的状况，在一定程度上可以促进成本降低。此外，在改革现行预算制度方面，还可以借鉴国外经验，采用绩效预算的方法，将拨款与部门提供的公共劳务挂钩，按项目绩效来核算预算支出，彻底将以"养人"为依据的预算编制模式改变为以"办事"为依据的预算编制模式。这对促进行政管理费合理增长、节约行政成本有积极效应。

2. 科学设置机构，减少行政管理费用支出

从纵向看，我国行政体制应减少行政层级，稳步推行省直管县体制。从横向看，全国两千多个县、近四万个乡（镇），是我国庞大的政府规模的基础。只有科学设置县、乡基层政府机构，我国庞大的政府规模才能得到有效控制，才能使整个政府规模合理化，从而减少行政管理费用支出。目前县乡级政府机构遵循着对口的模式设置，是不科学的。有必要撤并一些县乡政府机构，适当扩大县乡政府管理幅度，减少行政工作人员，减少行政管理费用。机构设置科学、人员精简，是确定合理政府规模，减少行政管理费用的有效措施。

另外，随着社会主义市场经济发展而需要保护的社会弱势群体和需要不断加强的政府社会保障职能，并没有在财政支出中得到充分体现；我国改革开放成果共享的和谐社会理念并没有从公共财政支出结构中充分体现出来。因此，有必要强化和弱化政府某些职能，优化财政支出结构，调整足够的财力，发展社会保障事业，提高社会文教费比重、提高社会保障支出比重，从而达到降低行政管理费比重，控制行政管理费过快增长的目的。

3. 调整财政供养人口构成，控制行政管理费用不正常增长

行政管理费的快速增长与现行财政供养人口规模有一定的关系，现行

财政供养规模过于庞大加速了行政管理费的增长。当然，我国财政供养人口规模过于庞大的原因很多，但其中主要是县乡（镇）级财政供养人口比重较高以及事业单位财政供养人口增加过快。因此，要优化财政支出结构，降低行政管理费所占比重，必须调整财政供养人口构成，减少财政供养人口规模。

四　调整经济建设支出，实现财政职能"归位"

根据市场经济原则，经济建设的投资主体应进一步由政府转向企业，财政要退出竞争性、生产性的经营领域，只进行涉及国计民生的公益性投资、基础设施和重点建设项目的投资，改变与民争利的局面，实现财政职能的"归位"。具体说，应增加道路、桥梁、水利、电力及城市公共工程设施和科学文教部门固定资产投资，加大对农业和扶贫支出力度，支持生态环境建设、天然林保护、防沙固沙、退耕还林（草）工程，搞好防灾体系建设等。同时，财政要逐步从竞争性的经营领域退出，减少财政对企业生产性投资和流动资金支出，企业挖潜改造资金、科技三项费用、各部门事业费等都应相应减少直至取消，这类资金融通可以通过商业性运作来解决。

五　强化社会文教支出，支持社会公共事业发展

根据我国政府提出的科教兴国战略，迎接知识经济挑战，要保障科教投入的增长高于正常财政收入的增长速度，认真贯彻《教育法》和《科学技术进步法》，把支持科教作为重点。要提高科教资金的使用效率，合理调整科教支出的投向，在目前政府财力紧张的情况下，应首先重点保障基础教育、义务教育、基础科学领域的财政投入。此外，在文化、医疗、卫生领域，对公益型事业，如文物、遗产保护、图书馆、博物馆、民族文化遗产、全民健身运动、传染病的防疫与防治等，财政支出应予以保障。而其他营利性事业如文化团体演出、职业化体育运动、新闻媒体服务、一般医疗服务等，力争商业经营，市场化运作，其中具有较强外部效应的，财政可以适当补助。

六　设立支持就业的财政专项资金

在金融危机的冲击下，国内就业形势日趋紧张。在就业困难和工资增

长缓慢的情况下，老百姓更倾向于增加储蓄，抑制消费欲望。就业人数增加和就业机会减少的双重压力使得就业形势更加严峻。沿海地区则由于出口受阻导致不少外向型企业倒闭，产生新的失业人员。政府应设立支持就业的财政专项资金来改变财政支出结构，以应对严峻的就业形势。政府应加强就业专项资金投入，包括对职业介绍、职业培训、公益性岗位、职业技能鉴定、特定就业政策和社会保险等的补贴、小额贷款担保基金和微利项目的小额担保贷款贴息等。

七　加大对农村投入，提高农民消费能力

尽管农民的消费品零售总额在逐年增加，但农民的消费品零售总额占全国消费品零售总额的比例却一直在下降。这说明尽管占人口绝大多数比例的农民的消费能力在增强，但相对于城市市民的消费能力，差距却越来越大。从长远来看，这不利于扩大内需。加大对农村的投入，提高农民收入和拉动农村需求，一是要提高农产品的最低收购价格。随着农业生产成本升高，化肥和柴油等农资产品的价格上涨幅度较大，农民种植农产品的收益下降，从而降低了农民的实际收入。二是要加大农村基础设施建设的投入。我国农村基础设施仍然比较落后，不能满足社会主义新农村建设的要求，需要进一步增加财政投入，加强农村饮水、垃圾处理场、道路和电力等基础设施建设。

八　加大对社会保障和医疗卫生的投入

近年来，我国财政支出投在社会保障和医疗卫生方面的总额不断加大，但各项支出与其收入的比例却没有太大变化。2007—2011 年间，社会保险基金支出占社会保险基金收入的比例分别为：72.9%、72.5%、76.3%、78.7% 和 75.1%。[①] 因此，有必要锁定或者提高社会保险基金支出占社会保险基金收入的比例，确保随着社会保险基金收入的提高，社会保险基金支出能以同样的比例或者更高的比例增加，使居民享受到更多的社会保障，间接提高居民实际收入水平。

在医疗卫生总费用当中，居民个人医疗卫生支出远高于政府预算卫生

---

① 此处比例为笔者计算所得。原始数据参见人力资源和社会保障部《2011 年度人力资源和社会保障事业发展统计公报》。近年来这一比例有所上升，2016 年的这一比例为 87.5%。

支出，居民医疗支出负担相当沉重。在"八五"和"九五"时期，卫生事业费占财政支出的比例一直在 2.0% 以上，但进入"十五"和"十一五"期间，卫生事业费占财政支出的比例一直低于 2.0%，平均为 1.7% 左右。[①] 卫生事业费占财政支出的比例不升反降，这一事实表明，确保逐年提高政府在医疗卫生方面的支出，任务还很艰巨。

---

① 数据来源：卫生部《中国卫生统计年鉴（2008）》。

第 十 章

调整转移性支出与扩大内需

本章意在探讨政府转移支付与扩大内需间的关联，同时着重梳理转移支付在调节收入分配差距方面的重要功能。包括社会保障、教育、医疗卫生等主要方面，财政转移性支出均发挥了重要作用。

第一节　转移性支出与扩大内需的理论关系

转移性支出并没有对应的商品和劳务补偿，而是资金无偿的、单方面的转移，将社会资源在社会成员之间进行转移再分配，主要包括补助支出、捐赠支出和债务利息支出。其中，补助支出所占份额最大，影响范围最广，与扩大内需的关系最为密切。

一　实物补贴和无条件的消费券发放

实物补贴是政府为实施某项社会政策或达到特殊政策目的，通过政府采购的形式购买某种或某类商品，并按规定发放给既定人群的政府行为。政府实施实物补贴如同政府发放的福利补助，并不会扩大居民消费需求，反而可能使当前的商品购买水平下降。消费者或者以这部分实物冲减当前消费，或者保持当前消费水平，这部分不需要支付的实物消费作为额外消费，一般很难增加消费者内在的消费需求。

如图 10-1 所示，政府对 X 商品实施实物补贴，消费者的预算约束线从 AB_1 变为 AB_2，消费者均衡点由 E_1 移到 E_2，所消费的 X 商品数量虽然从 X_1 增加到 X_2，但所消费的 Y 商品数量却从 Y_1 减少到 Y_2，即便是 Y 商品的消费量不减少，X 商品数量的增加也主要是政府实物补贴的作用，并不是居民的自主消费，对内需的影响仅限于政府实物补贴支出的数额，而无法带动居民消费需求的实质性增加。与实物补贴相类似的还有政府发放的、没有任何限制条件的消费券制度。这种制度因为没有诸如领取对象、前期消费金额等限制，因此与实物补贴没有本质区别。

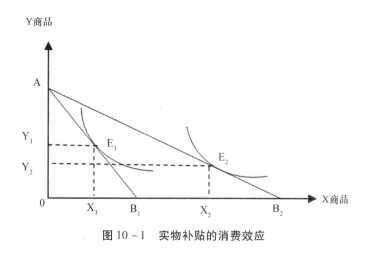

图 10 - 1 实物补贴的消费效应

二 货币补贴

货币补贴是通过直接或间接增加消费者收入，促使消费者的预算约束线从左向右移动，从而达到增加消费需求量的一种政府行为。货币补贴有两种模式：一是纯现金补贴，二是有条件的消费券发放。

现金补贴是政府直接面向公民发放现金，以增加公民的现金收入，从而拉动消费。

如图 10 - 2 所示，政府向公民发放现金补贴，居民收入增加，消费者的预算约束线从 A_1B_1 变为 A_2B_2，消费者均衡点由 E_1 移到 E_2，所消费的 X 商品数量虽然从 X_1 增加到 X_2，所消费的 Y 商品数量却从 Y_1 增加到 Y_2，居民的消费需求得到有效扩大。但是，以现金补贴来拉动内需要求经济环境优良、财政资金充裕，否则依靠货币发行来发放现金补贴会产生很大的通货膨胀风险，并不可取。而目前经济环境和财政资金是国际金融危机以来世界各国普遍遇到的难题，正因为此，我国才需要依靠扩大内需来改善不利状况。可见，通过现金补贴的方式来拉动内需的经济和财政条件不能满足，反而会带来较大的财政负担，负面效应较强，不足取。

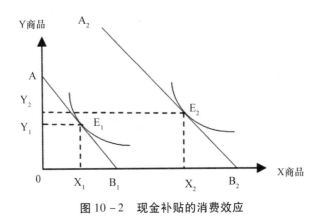

图 10 - 2   现金补贴的消费效应

三   有条件的消费券发放

有条件的消费券发放，在扩大内需的前提下，主要应满足两个条件：一是限制领取人的资格，例如低收入和困难家庭、低保对象、重点优抚对象、农村五保对象等，这类人群的边际消费倾向较高，有助于通过刺激消费来拉动经济整体增长，同时又能起到社会救济的效果，较好地兼顾财政资金效率与公平的目标；二是消费券需要上述有资格的领取者付出部分资金，可见，这种模式的基础仍然是消费者的自主消费，消费券则相当于政府提供的部分价格补贴，消费者和政府各承担一定比例的消费支出，这样能够发挥出财政资金"四两拨千斤"的作用，以政府财政支出带动民间消费支出，实质性地扩大消费需求（图 10 - 3 所示）。

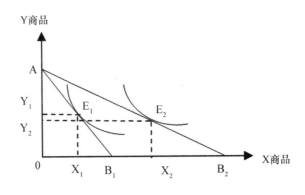

图 10 - 3   消费券的消费效应

由于消费券不是对所有商品有效，方便起见，假定只有两种商品：X商品和Y商品，消费券仅对X商品消费有效，那么政府对消费券补贴的部分降低了X商品的相对价格，消费者的预算约束线由A_1B_1变为A_1B_2，消费者均衡点由E_1移到E_2，对X商品的消费由X_1扩大到X_2，同时，由于消费者也必须对消费券进行部分支付，必然会减少对Y商品的消费，由Y_1减少到Y_2，但是减少的Y商品消费量远远小于增加的X商品消费量，最终结果是具备此种消费券领取资格的居民总消费需求得到扩大。

实施有条件限制的消费券计划可以更大程度地增加居民的商品消费量，尽管能提高消费者的效用水平，但其效果不是很突出；以居民收入为着力点的财税政策如降低消费者个人的所得税负或实施纯现金补贴可以更好地提高消费者的效应水平，但对商品的购买量的拉动作用不如前者。如政府实施实物补贴制度或无条件限制的消费券计划，无益于政府实现扩大内需、拉动国内居民消费需求的初衷，甚至有可能压缩消费者的当前消费结构，不符合政府政策取向。

财力较为雄厚的地方政府可以实行有条件限制的消费券计划，通过当地政府的财政支出直接拉动居民消费需求，保证理想状态下的消费需求。相对于中央政府而言，地方政府在实施这个计划方面有着先天的优越性：更能了解当地居民的消费偏好、更好地组织当地居民有序消费、更加突出政府的政策意图。

第二节　我国财政转移性支出：现实格局与存在问题

一　现实格局

1. 购买性支出与转移性支出间配比失衡

我国财政制度源于计划经济体制，虽然已确立了市场经济体制，但财政模式由生产建设性财政向公共财政转型的进程尚未完成。长期以来，我国财政制度为人诟病的一个重要方面，就是政府承担的资源配置职能范围过广、比例过大，干扰了市场的运行。体现在财政支出结构上，就是购买性支出占一般预算支出的比重长期偏大。而政府应当承担的再分配功能则相应受到挤压，转移性支出比重处于较低水平。

1994 年以来直至"十一五"时期，我国财政支出结构仍然沿袭了此前的态势，即购买性支出占国家一般预算支出的比例远远大于转移性支出。目前，我国一般预算支出总额中逾 70% 为购买性支出，明显高于发达国家 45.2% 的水平，更高于发展中国家 61.5% 的水平。转移性支出虽有上升趋势，但仍然仅占一般预算支出的 25% 弱。"十一五"时期之前，转移性支出占一般预算支出的比重为 20% 弱，略高于发展中国家的水平（17%），但同样低于发达国家（35.4%）的水平。2006 年以来，转移性支出的比重快速上升，超过发展中国家的平均水平，达到 25%。

相比之下，1995 年至 2009 年间，欧盟 15 国的转移性支出平均为一般预算支出的 45%。其中主要的几个"大政府"国家中，转移性支出比例最高的是德国，约为 60%，这一比例最低的西班牙也接近 40%（马珺，2011）。

2. 购买性支出与转移性支出占比的反向变动

从动态角度看，1994 年以来我国财政购买性支出占一般预算支出的比重出现了缓慢下降的趋势，转移性支出的比重则缓慢上升，二者的差距有所缩小。虽然 2000 年中期至 2003 年之间，由于消费性支出上涨速度相对过快，购买性支出与转移性支出之差距缩小的总体趋势出现了反复，但自 2003 年以后，特别是"十一五"时期以来，一系列社会政策的相继出台与实施，使二者的差距重新趋于缩小。在大多数年份里，我国购买性支出占一般预算支出比重是负增长的，而转移性支出占一般预算支出的比重表现为正增长。这说明转移性支出的绝对增长快于购买性支出的绝对增长，二者之间的相对差距在缩小，从一个侧面反映了我国财政支出的再分配功能在不断强化，体现出政府运用财政政策的着力点开始偏离资源配置，而更加关注分配公平的问题，也表明"十一五"时期以来我国政府在转变政府职能、优化支出结构方面的努力是有成效的，虽然与国际上其他国家相比仍有优化的空间。

3. 转移性支出同时出现数量增长与结构合理化趋势

就目前的形势看，我国财政转移支付制度正日益改善。首先，转移性支出在数量上持续增长。自从 1994 年实施分税制改革以后，财政收入基本上向中央集中，而事权则更多地集中于地方，这是一种纵向不平衡，为了处理、解决好这一失衡，中央不断向地方实施财政转移支付，且数目日益增长。其次，转移性支出结构更加合理化。我国加入 WTO 以后，体制性的转移支付比重相应有所下降，并且正逐渐被其他支付方式取代，例如一般性转移支付以及专项转移支付，等等。

二　存在问题

1. 支出规模普遍低于主要转型经济国家

我国转移性支出的比重与发达市场经济国家中那些"小政府"国家的一般水平相当，但普遍低于主要转型经济国家。这表明我国尚未建立起高水平的福利制度。其后果应当分两个方面来看：一方面，我们要汲取高福利国家为其福利制度所累的前车之鉴，谨慎选择适合我国国情的社会福利体系；另一方面，也应当未雨绸缪，避免在转型期因安全网的缺乏，而付出民生与社会稳定方面的代价。

2. 财政转移支付监督机制缺失

关于我国财政转移支付监督机制的缺失，主要体现于三点：第一，缺乏规范的中央转移支付的相关法律、法规。我国每年几乎有上千亿元的资金规模进行转移支付，但是这些资金流动却仅仅只是以财政部门所制定的若干转移支付办法来进行相关的约束以及规范，由此可以看出极度缺乏对财政转移支付资金的监督。第二，相当一部分资金在实施转移支付的过程中不在人大监督范围之内，这部分资金并没有切实纳入地方财政预算当中。第三，审计、监督的过程存在问题。一般情况下，财政转移支付的监督工作主要是当地政府通过高层监督、审计得以完成，但审计机关却缺乏相对的独立性，而中央转移支付的预算以及决算又保持不公开、不透明的状况，大大增加了相关部门展开监督工作的难度。

3. 转移支付结构不合理

虽然财政转移支付制度自开始实施以来，其支付结构就不断在改进以及完善之中，但就我国现状来说，从为实现基本公共服务均等化方面来衡量，其结构、比例还是不够合理，承担公共服务均等化职能的转移支付力度仍然不够大，而专项转移支付的比重仍然偏高，财力性转移支付规模以及一般性转移支付规模仍然偏低。

第三节　调整转移性支出格局与扩大内需

切实扩大内需，有必要调整对一些重要领域的支出项目和扶持力度，从而激发一些领域潜在的消费能力和消费需求。

一　加大农村社会保障领域的转移支出

近年来，扩大内需成为政府关注的一个重要问题。尽管政府采取了放宽消费信贷、家电下乡等一系列政策补贴型惠农措施来启动居民消费，但我国居民的消费热情仍然难以调动。有的学者认为居民消费不振的最根本原因是没有真正启动农村消费，而制约农村居民消费的关键因素是各种社会保障制度的缺失，医疗保险、失业保险、养老、子女入学等一系列城市居民拥有而农村居民享受不到的待遇统统构成农村居民消费的机会成本，影响着他们消费决策中的边际倾向，而保障品的缺失必然会增强农村居民的"预防储蓄动机"，从而对农村居民消费产生不利影响。

长期以来，社会保障制度被看成经济的"内在稳定器"和"减震阀"，发挥着重要的收入再分配功能，只有完善的社会保障制度才能给全体国民带来普遍的安全感，同时，建立完善的城乡统筹的社会保障制度，不但能够增进国民整体福利水平，还可以改变居民的收入预期和消费行为，进而对经济发展起到相应的刺激作用。目前我国社会保障制度的改革正由城乡分割向城乡统筹转变，相对于城市来说，农村消费市场潜力巨大，而目前农村消费并没有真正启动，因此，建立和完善农村社会保障制度对于扩大内需起着至关重要的作用。

由于我国城乡二元社会保障制度和城乡二元消费结构的存在，在展开社会保障对居民消费关系的实证论述时，通常分别从城镇社会保障对城镇居民消费行为的影响和农村社会保障与农村居民消费行为的关系角度展开分析。张继海（2006）认为，社会保障支出可以使我国城镇居民的家庭消费支出有较为显著的增加，并且二者呈正相关关系，证明了社会保障养老金支出对居民户人均消费支出的影响是正效应的，即随着社会保障养老金财富的增多，居民户人均消费支出也同时增加。冉净斐（2009）通过实证分析证明，当农户参加经济合作组织或医疗保险时，就会增加即期消费，并以农民参加健康社会保险为例，说明社会保障可以平滑农民生命波折期的支出，提高农民的长期收入，建立能替代农民土地保障的社会保障制度对农村消费需求的增长有极大的促进作用。

由上述分析可知，目前，我国农村社会保障的建立和完善，对农村居民消费水平的提高和扩大可起到正向推动作用，因此应考虑逐渐建立并完善农村社会保障制度，扩大公共均等服务，努力使处于弱势群体的农村居民能够"老有所养、病有所医"，促进社会收入分配趋于合理化，使农村社会保障成为促进农民消费稳定增长的重要推动力量。

1. 建立分层次的农村社会保障体系

我国作为一个拥有近八亿农村人口的发展中大国，农村社会保障制度起步晚、标准低，与城镇社会保障制度存在较大差距，鉴于目前我国农村面临的实际情况，应建立分层次的农村社保体系。

对于农村地区的纯农户来说，最迫切需要解决的社会保障是最低生活保障、医疗保障、养老保障，也就是我们常说的"生有所靠、病有所医和老有所养"。

对"离土又离乡"的农民工来说，急需解决的社会保障是工伤保障及针对"打工妹"的生育保障；建立农民工的疾病医疗保障尤其是大病保障机制，同时也应为农民工建立相应的社会救助制度，并将农民工的医疗保险、养老保险制度等纳入城镇职工社会保障制度。

对失地农民而言，已转为非农业户口的被征地农民采取城镇企业职工基本社会保险制度；将符合城镇居民最低生活保障条件的被征地农民纳入城镇居民最低生活保障范围；将仍保留农业户口的被征地农民纳入农村居民社会保障体系；将符合农村特困救助和农村最低生活保障条件的被征地农民纳入农村居民社会保障体系并给予农村最低生活保障标准的保障。

2. 建立和健全农村社会保障制度的相关法律法规

目前我国农村人口占总人口的比例依然较高，但长期以来农村社会保障的立法却始终处于边缘化的状态，农村社会保障法律、法规制度尚不健全，给农村社会保障制度的完善带来较多的问题，因此，建立和完善农村社会保障的法律、法规已成为迫切需要解决的问题。

建议尽快制定《社会保障法》。全国人大应尽快把制定《社会保障法》提到立法的议事日程上来，建议《社会保障法》将有关农村的社会保障立法放在与城市同等重要的位置，有了公平的城乡统一的社会保障基本法，才可以将农村社会保障制度的运行纳入统一、公平的法制轨道。然后在社会保障基本法律的基础上，也可在《社会保障法》的总体框架下分头设计《农村社会救济法》、《农村社会保险法》、《农村社会优抚与安置保障条例》、《农村社会福利法》等。

根据《社会保障法》的要求制定关于农村社会保障的相关条例。国务院应根据《社会保障法》的要求，制定《农村社会救助条例》、《农村养老保险条例》、《农村医疗保险条例》、《农村优待抚恤条例》等条例，同时完善《农村五保供养条例》的内容，使农村社会保障主要内容的法律规定具体化、制度化，以增加其可操作性。虽然我国对《中华人民共和国社会养老保险法（草案）》已经进行了多年的酝酿与修改，但其中有关农村养老保险、农村医疗保险方面的法律规定几乎处于空白，该法案的补充应着重规范农村养老保险、农村医疗保险等各项制度，为解决法律纠纷提供依据；同时也应该对城乡养老保险、农民工的城镇保险与农村养老保险制度的衔接提供法律支持。

二　加大社会性支出的比重

正如按功能分类的我国财政支出结构所显示的那样，社会性支出的低比例，与经济事务支出的高比例密切关联。我国按功能分类的财政支出，无论是从占财政支出的比重来看，还是从占 GDP 的比重来看，财政用于固定资产投资和城市维护建设的支出都远高于医疗卫生、社会保障与就业、农业和科技支出。这表明，我国财政支出结构的实质性转型才刚刚开始，其"重经济发展和基建投资、轻社会发展和人力资本投资"的传统特征仍然十分明显。

根据联合国开发计划署（UNDP）的定义，经济发展体现在总体经济规模、人均收入和增长的结构平衡等方面；社会发展指标则包括人口、教育、卫生、科技、文化、环境、基础设施、人类发展等。经济发展是社会发展的前提和必要条件，另一方面，国际经验也表明，在其他条件相同的情况下，社会发展指标记录良好的国家和地区，往往更具有经济发展方面的优势。尽管经济发展与社会发展之间存在紧密的联系，但没有足够的事实证明，二者之间存在着明显的因果联系。经济增长能否促进主要社会发展指标不断改进和提高，有赖于其他经济因素和政策因素的共同作用，例如，财政支出是否有利于社会发展。

我国财政支出结构上的偏离，即重视经济服务（特别是经济建设事务）和一般公共服务，而忽视社会性支出的现状，是造成我国社会发展严重落后于经济发展的关键原因之一。在我国经济持续增长三十余年之后，社会发展滞后已经成为经济结构转型和人民福利改善的最大制约因素。因此，"十三五"期间乃至今后一段时期，财政支出结构向"社会发展和人力资本投资"转型的任务仍然十分艰巨。

第四节　调整转移性支出格局与调节收入分配差距：扩大内需视角的分析

一　收入分配格局恶化导致内需和消费不振

改革开放初期，由于放权让利政策的实施，国民收入分配格局存在向居民倾斜的趋势。资料显示，1978—1996 年间，居民部门可支配收入所占份额从 1978 年的 49.3% 上升到 1996 年的 69.3%，而同期政府和企业部门的可支配收入份额则从 31.6% 和 19.1% 下降到 17.1% 和 13.6%；但此后，居民可支配收入所占份额出现了反转的趋势，从 1996 年的 69.3% 下降到 2008 年的 57.1%，而同期政府和企业的份额则从 17.1% 和 13.6% 上升到 21.3% 和 21.6%。[①] 从图 10 - 4 可以看出，居民收入在国民收入初次分配中所占份额，呈逐年下降趋势；而同期企业与政府所占份额，特别是企业所占份额则趋于稳步上升。即便经过税收等再分配政策调整后，也依然改变不了居民在国民收入分配格局中所占份额持续下滑的局面（图 10 - 5）。

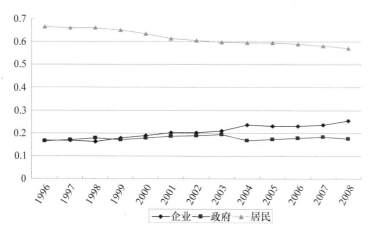

图 10 - 4　1996—2008 年国民收入分配格局变迁

（初次分配各部门收入比重）

资料来源：根据李清华（2011）有关数据整理。

---

① 数据引自李清华（2011）。

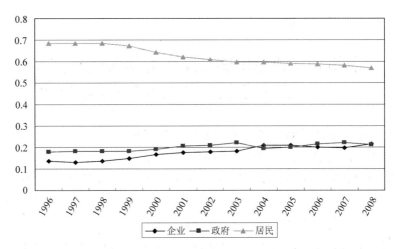

图 10 - 5　1996—2008 年国民收入分配格局变迁

（再分配后各部门可支配收入比重）

资料来源：同图 10 - 4。

同时，在社会成员之间，也存在着收入差距扩大的问题，这既包括了城乡收入差距问题，也包括了全体社会成员之间的收入差距问题。尽管农民收入在改革开放后有大幅度增长，但与城镇居民的收入差距存在扩大的趋势，图 10 - 6 描述了 1996 至 2009 年间我国城乡居民的收入差距情况。

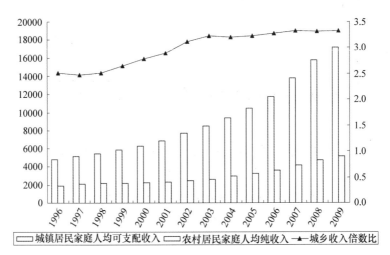

图 10 - 6　1996 ~ 2009 年我国城乡居民的收入差距

资料来源：根据《中国统计年鉴（2010）》有关数据计算整理。

如图 10-6 所示，以 2002 年为界，之前我国城乡居民收入差距在 3 倍以下，而之后则是在 3 倍以上，总体上呈不断扩大的趋势，2009 年为最高（约 3.33 倍）。

衡量一国居民收入分配差异状况的一个重要指标是基尼系数，它介于 0 和 1 之间。一般认为，基尼系数在 0.3 以下为"好"，0.3—0.4 之间为"正常"，0.4 以上为"警戒"；假如基尼系数超过 0.6，则意味着社会处于可能发生动乱的"危险"状态。有关资料显示，我国基尼系数已从改革开放初的 0.28 上升到 2007 年的 0.48，近年不断上升，实际已超过了 0.5（丛亚平、李长久，2010）。不过，国家统计局在《我国全面建设小康社会进程统计监测报告（2011）》一文中指出，我国 2010 年基尼系数略高于 2000 年的 0.412。[①] 当前，一个普遍的判断是，我国居民收入差距扩大已到十分严重的程度，这不仅导致了内需和消费不振，也造成许多民众对社会的不满甚至引发社会动荡。

二　转移性支出促进收入分配公平的理论与实践依据

财政转移性支出是政府安排的一种不以取得商品或劳务作为补偿的财政支出，是政府为了实现社会收入分配公平目标，单方面对居民或企业等微观经济主体的无偿财政拨款，不以获得同等价值的商品或劳务作为补偿，受益者得到政府的转移资金后也不需要返还给政府。这种支出主要包括政府对企业的转移支出和政府对个人的转移支出，如各种补贴支出、公债利息支出、社会福利支出、社会救济支出、社会保险支出等。

从理论上看，一方面，财政转移性支出的资金来源于纳税人在国民收入初次分配中所分得的各种收入，如工资、利息、股息、利润等；另一方面，财政转移性支出的对象一般仅限于那些低收入阶层的居民。通过财政转移性支出，中高收入阶层的一部分收入会转移到低收入阶层的居民手中。可见，以居民个人为对象的财政转移性支出会改变国民收入的分配格局，它是在国民收入初次分配基础上进行的再分配。

---

　① 目前，我国城镇和农村基尼系数可分别通过城乡居民住户收支调查的原始资料计算得出，但由于我国城乡居民的住户调查尚未一体化，所以，还不能直接通过住户调查资料计算全国的基尼系数，只能根据城乡居民住户调查收支分组资料估算得出。

以企业为对象的财政转移性支出，其资金也是来源于各种税收。税收是政府在国民收入初次分配和再分配中取得的收入，通过征税和转移支出的过程，国民收入中的一部分便会由纳税人的手中转移到接受财政转移性支出的企业手中，从而导致国民收入在纳税企业与获得补贴的企业之间的转移，这种转移往往使得国民收入分配更趋于合理。

而我国当前在构建社会主义和谐社会中最突出的问题就是居民收入分配差距过大。以基尼系数为例：我国自改革开放以来，基尼系数总体上呈现上升趋势，尤其是近几年来增长迅速。根据世界银行统计的数字，我国基尼系数在改革开放前为 0.16，2004 年为 0.458，2005 年已经达到 0.47，超过了国际公认的警戒线 0.4，不但高于所有的发达国家，而且高于大多数发展中国家。

我国收入分配的这种现状，凸显了财政转移支付作为宏观调控手段之一的重要性，应当充分发挥它在国民收入公平分配中应有的作用。

从上面的分析中已可看出，财政转移性支出对促进收入分配的公平有重要作用。目前，我国收入差距主要体现在城乡收入差距拉大，以及低收入群体收入偏低。结合这一现状，财政转移性支出应重点在以下方面来促进收入公平分配。

三　实行城乡统筹的社会保障支出制度

我国农民同城镇居民一样创造了社会财富，并通过工农产品的"剪刀差"、出让土地支持参与了城市建设，为国家积累了财富，但长期以来却没有享受到和城镇居民一样的社会保障福利，这不符合国民待遇原则。在统筹城乡发展的实践中，实行城乡统筹的社会保障支出制度应该是一个重要内容，使农民享有最基本的医疗、养老、最低生活保障待遇，构筑起一道社会安全网，有效遏制农民因病返贫、因病致贫的现象。结合当前社会中的突出问题，社会保障支出应该重点关注农民工、失地农民以及其他因各种原因致贫的农民的社会保障，加快建立农村社会保障体系，完善农村养老保险和新型医疗合作制度，最终实现我国社会保障的城乡统筹。

另外，通过有效措施加大农民增收力度，也可以有效提高农民收入和城镇低收入阶层的收入水平。

首先，加快城市化进程，大力推进城乡户籍制度改革，允许劳动力在城乡之间合理流动，从而促进生产要素的最佳组合。通过大力发展第三产业，增加农民和低收入者就业机会，是提高农民和低收入者收入的最佳途径。其次，优化农村产业结构，大力发展农业高新技术产业和产品，引导农民走规模化、集约化、产业化之路。第三，缩小政府在农村的职能，大力精简农村政府机构，裁减相应的公务人员和事业附属人员，从根本上减轻农民负担。第四，建立和完善地方政府间的转移支付制度，切实加大财政对农村地区的转移支出力度。一是逐步建立农民社会保障体系，政府财政应该逐年加大投入的资金力度，解决农民消费的后顾之忧；二是拨足农村义务教育的财政资金，依法专款专用，从根本上解决未来农民收入提高的途径；三是加大对农业的基础设施投入和科技投入，从根本上改善农业生产条件，增强抵御自然灾害的能力。第五，改变目前财政增加工资政策，优化受益对象，增加城镇低收入者，尤其是失业人员的补助、救济收入。同时，降低公共产品和服务的交易费用（如农村电费、城市教育收费等），提高农民和城镇低收入阶层的真实收入水平，有助于全社会消费倾向的提高，为进一步刺激内需服务。

四　探索政府间横向转移支付制度，促进区域发展平衡

政府间转移支付制度既是财政政策的一个重要工具，也是国家调节区域经济协调发展的基本手段，更是实现社会公平的基本要求。针对我国区域经济发展中东部、中部、西部比例失调的现状，在下一阶段首先要继续加大中央政府对中西部地区的财政转移支付力度，尤其要注重中西部基础设施、公共设施的财政投融资，保证地区间享受公共服务的均等化，改善经济发展条件，增强经济发展活力。

在完善现行转移支付制度的基础上，尝试进行横向转移支付的试点。根据已有的国际经验，政府间转移支付模式主要有两种：一种是单纯的自上而下的纵向财政转移支付，另一种是以纵向为主、纵横交错的转移支付。从纵横交错的模式来看，它既有利于实现国家宏观调控的目标，又有利于解决落后地区财力不足，促进落后地区与发达地区的交流和共同发展。根据我国目前的实际情况，可以考虑将现有单一的纵向转移支付模式逐步改为以纵向为主、横向转移支付为辅，纵横交错的转移支付模式，并选择适当时机开展试点。

五　加大财政一般性转移支出比重

我国财政支出结构最突出的问题是，基本建设支出和行政管理费用支出占据很高比例，而社会福利等转移性支出比例偏低，整体财政支出结构不利于政府对国民收入进行宏观调控。从调节收入分配公平的角度看，当前我国重点应控制并降低行政管理费用支出，逐步压缩经济建设支出比重，加大转移性支出比重。随着近几年财政供养人数的增加，财政支出中行政管理费支出增加的压力也不断提高。因此，要想调整财政支出结构，降低行政管理费所占比重，必须深化事业单位机构改革，改变当前事业单位工作人员只进不出的现象，逐步推进机关事业单位人员辞退制度，推进机关后勤社会化改革，减少机关事业单位后勤方面的财政供养人口；加强对事业单位编制的管理，控制事业单位人员的增加，减少事业单位财政供养人口，调整财政供养人口结构，促进财政支出项目的优化。

第五节　完善我国财政转移支付制度的着力点

完善我国财政转移支付制度，有必要重新厘清财政转移支出的真正目的与原则。由此，也就派生出了对中央财政支出的监管问题。

一　转移支付总量力保增长前提下的结构逐步优化

1. 明确转移支付目标，坚持支付适度原则

要想完善、健全我国的财政转移支付制度，必须先明确实施财政转移支付政策的目标，在这个基础上再秉持效率优先、兼顾公平以及支付适度的原则。我国是社会主义国家，执行财政转移支付制度的目标，应是促进基本公共服务的均等化。除此之外，在社会主义市场经济的环境中，财政转移支付必须能够以提高效率为首要目标并且有利于培养市场机制。因此，财政转移支付政策还必须坚持一个原则——以效率为先。但如果只是单方面关注效率问题，就会使财政转移支付的纵向、横向均等化失衡。也正是因此，必须兼顾好公平原则，因为财政转移支付始终是社会资源的再分配过程，这就要求当地政府必须合理、适当以及理性地把握好进行财政转移支付的量度，而且还要从转移支付占当地财政支出比例的角度来加以考虑，并严格根据中央财力以及地方事权的范围和地方财力仔细衡量、

确定。

2. 有序推进转移支付结构的优化

完善我国财政转移支付制度，必须加快优化转移支付结构的步伐。其步骤包括：第一，要适当、合理地提高一般性转移支付的比重；第二，要规范、约束专项转移支付；第三，要逐渐取消税收返还制度。

二　提高转移支付结算的科学性

1. 针对现行转移支付制度弊端，有必要重新确立转移支付结算标准

我国现行的财政转移支付制度，仍是一种过渡性制度，带有较深的旧体制的烙印。在当前转移支付体系中，税收返还计算方法不尽合理，税收返还额的确定明显是以承认各地区政府既得利益为特征的，采用的是基数法，这种基数法有利于调动高财政收入地区的积极性，但却固化了财政包干制下形成的财力不均问题，容易导致"富者越富、穷者越穷"的马太效应。按照这一返还标准，极易造成地区间财力分配差距的扩大，转移支付的平衡功能被削弱了，不发达地区从省级一定程度上将财政困难向下层层转嫁，到乡镇一级则无法再转嫁，只好成为改革后果的最终承受者。

此外，现行转移支付主要只体现在中央对省级政府的资金划拨，省以下地方政府的相关制度几乎没有建立起来，这也使转移支付制度在缩小政府间财力差距上的作用受到限制。

2. 修正分税制不彻底所导致的转移支付制度不合理性

我国的分税制虽然初步建立起了基本框架，但与规范化的分税制尚有一定距离，在具体的税种划分上、地方税收体系的完善上，仍存在很多问题。在税种划分上，一是没有打破按企业隶属关系划分税种的格局，二是没有打破按行业划分税种的局面。在地方税收体系的完善上，还未形成一个稳定的地方税体系，有些应开征的税种尚未开征；由于税收体制的高度统一，地方没有税种设立权，影响了地方税收体系的建立。分税制的不彻底，影响了财力初次分配的合理化，使转移支付这种再分配包含了固有的不合理成分。

转移支付结算，是我国财政转移支付制度中的重要环节，而提高转移支付结算的科学性，则是完善我国财政转移支付制度的必要途径。包括：第一，要尽可能加快建立各地政府的统计信息系统。要建立起规范的、完善的以及健全的财政转移支付制度，需要很多基础数据，而数据的准确性

以及完整性又会直接影响财政转移支付资金分配的合理性，所以必须提高政府统计信息质量。第二，要尽快完善、健全省以下财政转移支付制度。近年来，县乡财政收支矛盾加剧，基本保障能力比较脆弱，这就要求省级财政统筹兼顾、通盘考虑，在规范收支行为的基础上，提高财政的协调功能，对国民收入进行再一次的分配。按照均等、效率以及可计量的尺度，从广义上确定一个最低补助标准。另一方面，完整意义的财政转移支付体系包括中央对省、省对市、市对县乡的多层次的纵向的财政转移支付及省与省之间的横向的财政转移支付。就我国目前的情况来说，中央对省级的财政转移支付好于省以下地方政府的财政转移支付。相对而言，省以下财政转移支付制度发展缓慢，势必会影响我国整个财政转移支付体系的全面确立。

三　对中央财政支出的监管问题

转移性支出，主要是针对中央财政支出而言的。因而，对中央财政支出的有效性的考察，直接关系到转移性支出的绩效问题，也就涉及对中央财政支出的监管问题。

随着公共财政建设目标和现代财政制度建设步伐的不断推进，中央转移支付的数量和规模都在不断增加，仅仅依靠地方财政力量的监管，一方面，由于地方政府的自利行为和局限性，另一方面，由于地方层级财权与事权的限制，难以有效保证中央资金的高效使用。因此，中央资金的下达必须由与之相匹配的监管部门进行责任分担，从指标的下达到资金的拨付与使用，全过程跟踪监督，将每一笔中央资金的使用置于财政部门的严格控制之下。为确保地方使用中央资金的规范性、高效性、积极性，加强中央财政支出监督，完善派驻制度建设，有必要重视以下几个方面：

（1）完善财政监督的法律体系建设，从法制角度解决财政监督职能发挥的瓶颈问题。财政监督是我国经济监督体系的重要方面，是实施公共财政管理的重要环节。应尽快建立和完善有关财政监督的法律法规，强化财政监督的执法力度。首先，要加快财政相关法律的立法进程，加强财政内部控制，促进财政管理精细化，健全财政职能，促进财政部门依法行政，就必须按照社会主义法制化的要求，加强财政法制建设。其次，应建立财政监督自身相关法律法规，明确财政监督的执法主体、地位、职能、程序等，规范财政监督检查工作，使财政监督工作做到有法可依，推进依法行政和依法理财。

（2）从传统的事后监督过渡到事前、事中、事后全程监督。从财政预算管理监督方面来看，事前监督、事后监督机制尚待进一步完善。中央派驻机构对在地方的中央预算单位应加强在财政行为、资金运行过程及相关活动的监察。建立事前预警机制，对申请的项目进行立项监督审核，并推进事中监督机制，对项目进行跟踪监督，随时掌握预算资金及专项资金的变动或使用情况，对中央资金的使用实施有效的事中监督检查。推进事后绩效监督评价机制，逐步建立健全科学规范的财政支出绩效监督评价指标体系，对扩大内需资金及灾后恢复重建资金的支出项目，制定切实可行的监督考核指标。推动财政监督全过程的财政管理体系，同时，重视事后整改落实，将事后落实检查工作放在与事前、事中监督同等重要的位置，使财政监督的权威性、有效性得到发挥，促进财政监督工作的稳步发展。

3. 综合利用多元化监督主体，构建立体化监督体系。建立多元化的监督协调机制，与审计、监察、纪委等部门密切配合，实现信息共享，相互沟通，通报有关专项检查尤其是常规性检查工作信息。首先，审计部门对有关中央资金的使用情况审计完结后，派驻机构应及时加强对相关部门的事后督促工作，促进资金的合规性使用和整改落实。其次，审计部门在进行跟踪审计的过程中，派驻机构应实时共享相关检查信息，及时掌握资金拨付后的使用情况，共同促进资金的监管。最后，监察、纪委部门的审查也是构建立体化监督体系的重要部分，这主要是出于防堵疏漏的目的，维护资金的良好使用，同时也形成对派驻机构的外部监督。

参考文献

一 中文部分

安国俊：《地方政府融资平台风险与政府债务》，《中国金融》2010年第7期。

白重恩、钱震杰：《谁在挤占居民的收入——中国国民收入分配格局分析》，《中国社会科学》2009年第5期。

蔡昉：《人口转变、人口红利与刘易斯转折点》，《经济研究》2010年第4期。

曹菲菲：《中国财政支出规模及结构浅析》，《中国集体经济》2012年第3期。

陈彩虹：《政府消费支出与扩大内需》，《财政研究》1999年第8期。

陈华、赵俊燕：《基于科学发展观的扩大投资拉动内需研究——由4万亿财政刺激计划引发的思考》，《理论学习》2009年第3期。

城市化与土地制度改革课题组：《城市化、土地制度与经济可持续发展——靠土地支撑的城市化还将持续多久》，世界银行2004年版。

丛亚平、李长久：《收入分配四大失衡带来经济社会风险》，《经济参考报》2010年5月21日。

[美] 马丁·费尔德斯坦主编：《20世纪80年代美国经济政策》，王健等译，经济科学出版社2000年版。

[美] 杰弗里·法兰克尔、彼得·奥萨格编：《美国90年代的经济政策》，徐卫宇等译，中信出版社2004年版。

付敏杰：《城市化与中国经济增长》，中国社会科学院研究生院，博士学位论文，2011年。

付敏杰：《财政政策为什么退出了美国宏观调控舞台？》《金融评论》2013年第3期。

付敏杰：《谁是中国的企业家？比较制度与相对发展》，中国社会科学院工作论文，2013 年。

高培勇：《公共财政：概念界说与演变脉络——兼论中国财政改革 30 年的基本轨迹》，《经济研究》2008 年第 12 期。

高培勇：《多重目标宏观经济政策布局下的中国结构性减税》，《中国市场》2012 年第 50 期。

高培勇：《积极财政政策的实施重心与路径选择》，《人民日报》2012 年 2 月 1 日。

高培勇：《经济变局中的中国财政政策》，南京财经大学"南财论坛第 125 讲"，2009 年 9 月 18 日。

郭庆旺、赵志耘、何秉才：《积极财政政策及其与货币政策配合研究》，中国人民大学出版社 2004 年版。

国际货币基金组织：《地区经济展望——亚洲和太平洋地区将继续引领全球经济复苏》，2010 年 4 月出版。

韩晓琴：《扩大内需的财政支出结构的优化选择》，《中共南京市委党校学报》2009 年第 5 期。

胡书东：《中国财政支出和民间消费需求之间的关系》，《中国社会科学》2002 年第 6 期。

湖北省财政厅调研组：《发挥财政职能促进经济增长——关于湖北省落实扩大内需促进经济增长财政政策情况的研究报告》，《经济研究参考》2010 年第 5 期。

黄国维：《差异性有效供给是扩大内需的根本途径》，《管理》2007 年第 9 期。

黄佩华：《中国事业单位改革的一个经济学分析框架》，《比较》2004 年第 12 辑。

纪显举：《扩大内需的财政政策和货币政策效应分析》，《云南社会科学》2003 年第 5 期。

贾康：《扩大内需，财政政策与货币政策的选择》，宣讲家网站，2009 年 8 月 25 日。

蒋省三、刘守英、李青：《土地制度改革与国民经济成长》，《管理世界》2007 年第 9 期。

金双华：《理顺收入分配关系的财政支出作用研究》，《数量经济技术经济研究》2002 年第 11 期。

寇铁军、任晓东：《论调节我国居民收入差距的财政政策取向》，《地方财
　　政研究》2005 年第 9 期。

李稻葵、徐欣、江红平：《中国经济国民投资率的福利经济学分析》，《经
　　济研究》2012 年第 9 期。

李广众：《政府支出与居民消费，替代还是互补》，《世界经济》2005 年第
　　5 期。

李节、张焱秋、李由鑫：《对扩大内需下的中央财政支出监管的思考》，
　　《特区经济》2010 年第 4 期。

李敬辉：《强化中央政府投资的监督管理确保扩大内需政策落实到位》，
　　《财政监督》2009 年第 7 期。

李茂龙：《搭建农村公路建设筹融资平台的探讨》，《交通财会》2008 年第
　　10 期。

李清华：《1996 年以来我国国民收入分配格局变迁研究》，《统计与咨询》
　　2011 年第 1 期。

李树培、白战伟：《减税和扩大政府支出对经济增长和扩大内需的效率与
　　效力比较——基于 SVAR 模型的分析》，《财经论丛》2009 年第 12 期。

李晓西：《中国市场化进程》，人民出版社 2009 年版。

李扬：《城市基础设施建设资金的筹措》，《经济研究》1992 年第 10 期。

李义平：《论注重内需拉动的经济发展》，《经济学动态》2009 年第 3 期。

李颖、梁军：《拉动内需、扩大消费与财政政策转型》，《贵州社会科学》
　　2009 年第 1 期。

李永友、丛树海：《居民消费与我国财政政策的有效性：基于居民最优消
　　费决策行为的经验分析》，《世界经济》2006 年第 5 期。

林文顺：《地方政府投融资平台：风险及规范建议》，《金融与经济》2010
　　年第 2 期。

刘峰：《政府投融资平台运作研究》，《建筑经济》2007 年第 2 期。

刘赛红、温桂荣：《扩大农村内需的财政金融政策研究》，《湖南商学院学
　　报》2004 年第 5 期。

刘宛晨、袁闯：《我国财政支出的消费传导效应分析》，《消费经济》2006
　　年第 4 期。

刘艳卫：《论国开行的投融资平台与吉林省农村基础设施建设》，《现代经

济信息》2009 年第 17 期。

刘怡、聂海峰：《间接税负担对收入分配的影响分析》，《经济研究》2004
　　年第 5 期。

罗英：《论内需问题及财政优化政策》，《经营管理者》2009 年第 22 期。

马珺：《"十二五"时期的财政支出结构》，《经济研究参考》2011 年第
　　3 期。

马晓河：《迈过"中等收入陷阱"的需求结构演变与产业结构调整》，《宏
　　观经济研究》2010 年第 11 期。

聂海峰、刘怡：《城镇居民的间接税负担：基于投入产出表的估算》，《经
　　济研究》2010 年第 7 期。

［美］钱纳里、鲁宾逊、赛尔奎因：《工业化和经济增长的比较研究》，吴
　　奇、王松宝等译，上海三联书店 1995 年版。

冉净斐：《农村社会保障制度与消费需求增长的关系研究》，《南方经济》
　　2009 年第 2 期。

［英］布莱恩·斯诺登等：《现代宏观经济学：起源、发展和现状》，佘江
　　涛译，江苏人民出版社 2009 年版。

［美］赫伯特·斯坦：《美国总统经济史：从罗斯福到克林顿》，金清、郝
　　黎莉译，吉林人民出版社 1997 年。

孙录友：《金融危机背景下扩大内需的财政政策研究》，《北华大学学报》
　　（社会科学版）2010 年第 2 期。

［美］坦齐、［德］舒克内希特：《20 世纪的公共支出》，胡家勇译，商务
　　印书馆 2005 年版。

唐仕钧：《国际金融危机下扩大内需的财政支农政策分析》，《财会研究》
　　2009 年第 15 期。

王东京、田清旺、赵锦辉：《中国经济改革 30 年——政府转型卷》，重庆
　　大学出版社 2008 年版。

吴泗宗、陈志超：《扩大内需政策效率及对策审视——基于财政政策与货
　　币政策》，《经济论坛》2009 年第 9 期。

吴易风、朱勇：《新增长理论评述》，《经济学动态》1998 年第 6 期。

项怀诚：《积极的财政政策：宏观调控的成功实践》，《求是》2002 年第 6 期。

肖加元：《城乡税制统一：基于公共财政的分析视角》，《中南财经政法大
　　学学报》2006 年第 2 期。

［匈］亚诺什·科尔内：《短缺经济学》，经济科学出版社 1986 年版。

杨波：《地方政府融资及其风险分担机制研究》，财政部财政科学研究所，博士学位论文，2011 年。

杨海林：《地方财政支出在扩大内需中应注意的问题》，《中国财政》2009 年第 5 期。

杨帅、温铁军：《经济波动、财税体制变迁与土地资源的资本化——对中国改革开放以来"三次圈地"相关问题的实证分析》，《管理世界》2010 年第 4 期。

杨天宇、王小婷：《我国社会保障支出对居民消费行为的影响研究》，《探索》2007 年第 5 期。

仪明金、郭得力、王铁山：《跨越"中等收入陷阱"的国际经验及启示》，《经济纵横》2011 年第 3 期。

袁亚敏、李亚敏、林祖松：《地方政府融资平台近忧远虑及相关对策建议——浙江某地区政府融资平台情况调查分析》，《浙江金融》2010 年第 1 期。

张斌：《扩大消费需求的税收政策》，《财贸经济》2012 年第 11 期。

张惠玲：《我国财政转移性支出对调节收入分配的作用分析》，《统计与决策》（理论版）2007 年第 6 期。

张继海：《论农村社会保障与扩大内需的关系》，《当代经济管理》2006 年第 3 期。

张军：《寻求短缺的制度原因——兼评短缺的需求决定论和供给决定论》，《经济研究》1991 年第 12 期。

张平：《"结构性"减速下的中国宏观政策和制度机制选择》，《经济学动态》2012 年第 10 期。

张学诞：《结构性减税政策：回顾与展望》，《地方财政研究》2012 年第 5 期。

赵敏：《行政管理费过快增长的原因分析与对策研究》，《理论学刊》2007 年第 8 期。

赵振华：《扩大内需的重点问题研究札记》，《中国经济问题》2009 年第 5 期。

甄静慧：《问责地方融资平台》，《南风窗》2010 年第 7 期。

郑功成：《尽快推进城镇职工基本养老保险全国统筹》，《经济纵横》2010

年第 9 期。

周建元:《论调控型公共财政——财政政策对扩大内需的效应分析》,《经济学动态》2009 年第 8 期。

周黎安:《中国地方官员的晋升锦标赛模式研究》,《经济研究》2007 年第 7 期。

朱建军、常向阳:《优化农村财政支出与扩大内需》,《财经纵横》2010 年第 6 期。

左大培:《80 年代我国的经济增长、通货膨胀与短缺》,《经济研究》1992 年第 4 期。

二 英文部分

A. Fatás and IlianMihov, The Effects of Fiscal Policy on Consumption and Employment: Theory and Evidence, C. E. P. R. Discussion Papers, 2001.

Alfredo Schclarek, Consumption and Keynesian Fiscal Policy, CESifo Working Papers, 2004.

Andrew Mountford & HaraldUhlig, What are the Effects of Fiscal Policy Shocks? C. E. P. R. Discussion Papers, 2002.

Athanasios Tagkalakis, The Asymmetric Effects of Fiscal Policy on Private Consumption over the Business Cycle, European University Institute Working Papers, 2004.

Athanasios Tagkalakis, The Effects of Fiscal Policy on Consumption in Recessions and Expansions, Journal of Public Economics, Vol. 92, 2008.

Auerbach & Alan J. , 2006: American Fiscal Policy in the Post – War Era: An Interpretive History, in R. Kopcke, G. Tootell, and R Triest, eds. , The Macroeconomics of Fiscal Policy, 77 – 100.

Auerbach, Alan. , William Gale & Benjamin Harris, 2010: Activist Fiscal Policy, Journal of Economic Perspectives, Fall , 141 – 164.

Barro, Robert & Charles Redlick, 2011: "Macroeconomic Effects of Government Purchases and Taxes," Quarterly Journal of Economics 126 (1), February, 51 – 102.

Besley, Timothy & Stephen Coate, 1991: Public Provision of Private Goods and the Redistribution of Income, The American Economic Review, Vol. 81,

No. 4, pp. 979 – 984.

Blanchard, O. & G. M. Milesi – Firetti, 2009, "Global Imbalances: in Midstream?" IMF Staff Position Note 09/29.

Blomquist, Soren & Vidar Christiansen, 1999: The political economy of publicly provided private goods, *Journal of Public Economics* 73, pp. 31 – 54.

Gahvari, Firouz & Enlinson Mattos, 2007: Conditional Cash Transfers, Public Provision of Private Goods, and Income Redistribution, *The American Economic Review*, Vol. 97, No. 1, pp. 491 – 502.

Gali, Jordi & Luca Gambett, On the Sources of the Great Moderation, American Economic Journal: Macroeconomics, 2009.

Hamilton & James, Understanding Crude Oil Prices, Energy Journal 2009, vol 30, no. 2, pp. 179 – 206.

Hansson, Åsa & Charles Stuart, 2003: "Peaking of fiscal sizes of government", *European Journal of Political Economy*, Volume 19, Issue 4, November, Pages 669 – 684.

Il Houng Lee, Murtaza Syed & Liu Xueyan, 2012: Is China Over – Investing and Does it Matter?, IMF Working Paper WP/12/277.

Isabelle Joumard, Mauro Pisu & Debbie Bloch: Income Redistribution via Taxesand Transfers Across OECD Countries, OECD Economics Department Working Papers No. 926.

Kristian P. Jönsson, Fiscal Policy Regimes and Household Consumption, Department of Economics of Lund University Working Papers, 2004.

OECD, China in the 2010s: Rebalancing Growth and Strengthening Social Safety Nets, 2010.

Robert A. Amano & Tony S. Wirjanto, Intratemporal Substitution And Government Spending, The Review of Economics and Statistics, Vol. 79, 1997.

Romer & Christina, 2012: Fiscal Policy in the Crisis: Lessons and Policy Implications, IMF Fiscal Forum, April 18.

Tanzi, Vito & Ludger Schuknecht, 2000: Public Spending in the 20th Century—A Global Perspective, Cambridge University Press.

Taylor & John, 2000: Reassessing Discretionary Fiscal Policy, Journal of Economic Perspectives, 14 (3), Summer, 21 – 36.

Tsung – wu Ho, The Government Spending and Private Consumption: A Panel
    Cointegration Analysis, International Review of Economics and Finance,
    Vol. 10, 2001.

Wong Hock Tsen, Exports, Domestic Demand and Economic Growth in China:
    Granger Causality Analysis, Review of Development Economics, Vol. 14, 2010.

后　记

本书是国家社会科学基金重大招标项目"扩大内需的财税政策研究"（编号：09&ZD031）的成果之一，由高培勇教授担任首席专家，由集体撰写完成。

全书各章节具体分工如下：导论由张德勇、于树一、范建鏋执笔；第一章至第四章由王伟同执笔；第五章至第七章由付敏杰执笔；第八章至第十章由范建鏋执笔。全书最后由范建鏋通读校对一遍后付梓。

限于学识，本书难免存在种种疏失或谬误，敬请学界同行和广大读者批评赐正。

作者谨识

2017 年 9 月 25 日于北京